臺灣歷史與文化 研究輯刊

二一編

第 2 冊

客家戲幕表戲研究

馮文星 著

花木蘭文化事業有限公司

國家圖書館出版品預行編目資料

客家戲幕表戲研究／馮文星 著 -- 初版 -- 新北市：花木蘭文
化事業有限公司，2022〔民 111〕
目 2+194 面；19×26 公分
（臺灣歷史與文化研究輯刊二一編；第 2 冊）
ISBN 978-986-518-752-1（精裝）
1.CST：客家 2.CST：傳統戲劇 3.CST：即興表演
733.08   110022090

ISBN-978-986-518-752-1

9 789865 187521

臺灣歷史與文化研究輯刊
二一編 第二冊   ISBN：978-986-518-752-1

客家戲幕表戲研究

作　　者　馮文星
總 編 輯　杜潔祥
副總編輯　楊嘉樂
編輯主任　許郁翎
編　　輯　張雅淋、潘玟靜、劉子瑄　美術編輯　陳逸婷
出　　版　花木蘭文化事業有限公司
發 行 人　高小娟
聯絡地址　235　新北市中和區中安街七二號十三樓
　　　　　電話：02-2923-1455／傳真：02-2923-1452
網　　址　http://www.huamulan.tw 信箱 service@huamulans.com
印　　刷　普羅文化出版廣告事業
初　　版　2022 年 3 月
定　　價　二一編 7 冊（精裝）台幣 20,000 元

作者簡介

馮文星，土生土長的苗栗縣公館鄉客家人，國立中央大學中國文學系戲曲組碩士，國小五年級進入國立臺灣戲曲專科學校（現為國立臺灣戲曲學院）就讀客家戲科，坐科八年，大學畢業後進入文和傳奇戲劇團（現已解散）長達九年，目前為自由接案的表演藝術工作者。

提　　要

　　以小戲崛起的客家採茶戲，在演出模式中，民間藝人一方面摸索出客家曲牌的創作形式，另則透過吸收其他劇種的優點，從而演變一套稱為「幕表戲」的表演形製。幕表戲「劇無定本」，當下性、變異性和流動性是其突出的形象特徵。

　　即便是幕表戲，若一齣劇由同一群人演出，時間久了，這些受觀眾歡迎的站頭（橋段）、臺詞及唱腔也會漸漸被固定下來。演員依據被固定的套式進行演出，成套的套路與程式語言進行拼接，它的即興存在於——如何將「套式拼湊順序」的即興，而順序由演員自行操控著，並非無中生有、憑空想像，不同的套式順序會達到不同的呈現效果，但不會影響到結局的發展，過程可以隨著演員去做變化。因此稱之為即興，或許不是最貼切的形容，這也是為何民間藝人會將之稱為「活戲」，並非沒有其道理。

　　本文以筆者長期實踐的客家幕表戲之表演型態為主要觀點，分析幕表戲之歷史脈絡至當今的樣貌，並從外臺戲的「內」、「外」部運作機制去探討客家幕表戲的整體運作模式，再深入瞭解客家戲幕表戲表演型態中有何特色，最後探討其面臨的困境。

客家戲幕表戲研究

馮文星　著

感謝
李元皓教授與花木蘭的牽線
促成此論文的出版。

獻給
陪伴在我身旁的蕭小姐。

目
次

第一章　緒　論

第一節　前言

　　各戲曲劇種在發展之初，在文人尚未介入創作之前，民間小戲大多經歷過「幕表」的創作階段，加上民間藝人普遍識字有限，無法編寫出完整劇本，造就出這套以簡省文字上的創作與排練所花費的大量時間，其出現完全基於民間演戲的實際需求。以小戲崛起的客家採茶戲，在演出模式中，民間藝人一方面摸索出客家曲牌的創作形式，另則通過吸收其他劇種的優點，從而演變一套稱為「幕表戲」的表演形製。由於「幕表戲」展演的方式，並沒有寫定的完整劇本，主要是經由老藝人「口傳心授」產生，鄭劭榮稱之為「口頭劇本〔註1〕」。這種「口頭劇本」情節結構與劇本戲比較相對鬆散，並且雜綴的表演形製，演出內容難以嚴謹的文學意涵予以論述，基本上只要靠少數演員默契配合，就足以應付。但難登大雅之堂，至今眾多地方劇種都還在傳承與延續實踐，其內含蘊底頗耐人尋味。

　　現今高知識高水準的教育環境下，人們進劇場看戲，已無法滿足於單看演員的技法，而是劇中的「劇本涵養」。作為一項表演藝術，無須透過劇場實踐，為了呈現出在排練中預期的成果，我們依賴文字記載，把舞臺上的畫面及對白、舞臺行動靠文字書寫成本，我們稱它為「劇本」，對於要求精緻

〔註1〕鄭劭榮〈論我國影戲口頭劇本的口傳文學特徵〉，收錄於《2010年中國文學傳播與接受國際學術研討會論文彙編》，（湖北：武漢大學中國文學傳播與接受研究中心，2012），頁324。

化的演出極為重要,根據不斷的排練方式及背誦臺詞,展現出完美的表演。雖說如此,卻仍然存在著無須靠劇本就能搬演故事的表演形式——「幕表戲」。它不需要靠字字句句書寫下來,更不必由一人來決定,如「民間故事」不必書寫下來也能流傳。

當今客家戲在幕表戲中,同時保留定型劇本和幕表制即興演出模式。在幕表戲中,通常一齣戲時間演久了,或是演出的片段特別受觀眾的喜愛,就會被定型下來,然而也被藝人口頭傳承,當後輩遇到相同或不相同齣戲,同情節時的「核心場次、核心唱段」,也就能有個依據搬過來套用。這是一種「民間的敘事」,而非「文人的敘事」,裏頭的詞彙充滿著民間的審美趣味與語言趣味,因容易琅琅上口也就容易被戲班傳唱,這也是他們所稱之的「肉子」、「賦子」、「鐵本」,或是「套路段子」。同時保留定型劇本和幕表制的即興演出模式,多半都是作為一種文化資產而存在,或是奠定劇本戲的基礎。

第二節　研究動機與目的

「幕表戲」並非單一劇種所專美於前,更為廣大的地方戲曲所樂於運用的表演模式。除了表演形式上的靈活調度外,更重要的是兼具了所謂「商路即戲路」的特質,戲劇接連著商業流動性,足以在各種場合下展現「幕表戲」的活潑與適應能力。

由於臺灣民間宗教習俗酬神慶典活動的興盛,民間廟會每年都有固定的慶典活動,劇團一年度就必須更換劇目,以求耳目一新,再者是為了能再續明年契約。現今客家庄的廟方與戲班請戲多數以二天為一個單位,少數則請一天戲,外臺戲的演出分為日戲與夜戲,若是以二天來計算,一天兩齣戲,劇團必須準備四齣戲的劇目。觀眾與廟方反應決定劇目的去留,如果觀眾反應不佳,或廟方提出反對演某類型的故事情節,如老婆偷男人、戴孝、有辱神靈等情節,則極有可能隨時被更換、淘汰。

由於展演時間的倉促、編排新劇目與觀眾求新求變需求的情況下,幕表戲也就成為了地方劇團生存的重要資源。

在戲班幕表戲這套體系被俗稱為「做活戲」。林鶴宜在〈東方即興劇場:歌仔戲「做活戲」的演員即興表演機制和養成訓練〉中說明:「強調的是那種

演出前一切都沒有定論，到戲臺上見真章的表演特質〔註2〕」。就戲曲形製而言，有此一說：一是幕表定型化的老劇目，一為幕表即興的新編劇目，往往演員所仰賴的並非是既定的劇本形製。以老劇目論，通常讓前輩帶晚輩；至於新劇目則多使用在即興演出。「幕表戲」展演過程中，在老戲或者無劇本作為演出根據，對表演者而言，無疑是巨大的挑戰，同時也是如何舊瓶裝新酒注入演員的基本家底，關乎演出歷程所呈現的展演狀態。

追溯戲曲發展歷程，清代花雅之爭，花部爭勝，由雅轉俗，地方戲曲蓬勃發展，到了全盛時期其即興演出的情況，在每個劇種中更加的普遍。這套即興搬演的戲曲形式，源於民間的戲劇編創機制，是臺灣戲曲珍貴的資產，值得重視與保留並傳承下去，替幕表戲找出一個重要的定位，臺灣幕表戲的特殊性，本文關懷客家戲部分，使得對臺灣幕表戲的研究更周延。

「幕表戲」的演出邏輯，除了即興的基本特質之外，尚須考慮到庶民心理機制，對劇團之期待與追捧、表演情節中強化二元對立之愛憎嗔怨，進而關涉臺灣廟宇之表演場所，皆是本論文關懷之所在。

以客家戲幕表戲作為論文動機，源於筆者長時間接觸客家戲幕表戲的表演，對其有充分的劇場親身體驗與舞臺實踐。目前在臺灣所能見到的客家戲與歌仔戲劇種，在外臺戲中同時保留定型劇本和幕表制即興演出模式，雙軌並行，為主要劇團生存的經營方式，而部分劇團已被劇本戲所取代。即使目前仍保存幕表戲劇目，多半都是作為一種文化資產而存在，或是奠定劇本戲的基礎。更由於地方戲曲的崛起以至躍登國家殿堂，無非皆從極具實驗性質的「幕表戲」，逐漸茁壯成熟。

筆者修習客家戲曲足足有十三年的歲月，心想何不把自己所學的客家戲曲成為研究對象，藉此機會收取更多對於幕表戲的相關資料文獻，並能更深入瞭解客家戲在幕表戲表演型態中有何特色？內外部的運作機制為何？及科班生學習幕表戲的瓶頸為何？筆者從演員的角度切入探討，以自己有劇場親身體驗與舞臺實踐的「客家幕表戲」為論文主題，以相關文獻及訪談為研究基礎，發掘出其定位與走向，探討其存在價值與未來趨勢，對臺灣客家戲曲歷史定位與文化之傳承，能夠有所貢獻。

〔註2〕林鶴宜〈東方即興劇場：歌仔戲「做活戲」的演員即興表演機制和養成訓練〉，《戲劇學刊》第 13 期，臺北：國立臺北藝術大學戲劇學院，2011 年，頁 70。

第三節　名詞釋義

以根源論，中國戲曲的發展經歷了四個階段，第一——有故事但無文字，無文學劇本的時代；第二——有故事有文字、有史記載有史可查，但沒有文學劇本（流傳）的時代；第三——有戲劇劇本可查，即真正的戲劇文學時代；第四——在戲劇文學基礎上導演制的出現。〔註3〕

追本溯源，戲曲作為一項表演藝術，原始起頭都是以「即興」做為基礎。「幕表戲」並非單一劇種所專美於前，更為廣大的地方戲曲所樂於運用的表演模式。除了表演形式上的靈活調度外，更是兼具了所謂「商路即戲路」的特質，戲劇接連著商業流動性，足以在各種場合下展現幕表戲的活潑與適應能力。

由於「幕表戲」展演的方式，並沒有寫定的完整劇本，主要是經由老藝人「口傳心授」產生，葉長海、張福海對於此提出：

> 北宋時期雜劇的演出，民間是主體，而民間的演出，多是一種口頭
> 約定性質的，或者是俗稱的『跑梁子』，並無固定的演出臺本……
> （到了金時期）由於院本是藝人們搬演的，或像北雜劇的演出那樣，
> 即『幕表戲』的樣子。〔註4〕

但即興是否能與幕表戲化為等號呢？以下將「即興」與「幕表戲」兩個名詞一一作解釋。

一、即興

對於「即興」一詞，用簡明扼要的形容是「即席而作，即席演奏，一種臨時的表演。〔註5〕」《漢語大詞典簡編》解釋如下：

> 即興，對眼前的事物有所感觸，臨時產生興致，即興表演：謂不依
> 據劇本或事先未經過排練而臨時進行的表演，亦指臨時表演。〔註6〕

西方歷史上最早使用即興表演手法的記錄，大約來自於公元前391年古羅馬的亞提拉鬧劇（Atellan Farce）。從16～18世紀開始，喜劇表演者就廣泛的

〔註3〕馬也《戲劇人類學論稿》，（文化藝術出版社，1993年），頁134。
〔註4〕葉長海、張福海《中國戲曲史》，（上海：上海古籍出版社，2004年），頁33。
〔註5〕引自網路文獻「舞蹈即興」，網址：http://www2.jdps.tyc.edu.tw/~dance/what
dance/whatdance3.htm。
〔註6〕漢語大詞典簡編編委會《漢語大詞典簡編》，漢語大詞典出版社，1998年版，頁646。

見於義大利的街頭巷尾。在 19 世紀九零年代，戲劇的理論家及導演們如俄國 Konstantin Stanislavski 以及法國人 Jacques Copeau，兩大當時主流表演理論的創始人，很大程度上都使用了即興表演的元素在表演的訓練以及排練當中〔註7〕。「即興」（improvisation）一詞，源自音樂演奏過程中的即時創作活動。據《The New Grove Dictionary of Music and Musicuans》（葛洛夫音樂字典）以西洋音樂為對象，對於「即興」所下的定義為：〔註8〕

> 演奏所成之音樂作品的創造，或音樂作品在演奏當下的最終存在形態。此種即興可能涉及表演者臨機的作品創作，或就既定音樂作品框架之下的細節闡釋與調整，或介於前述兩類性質之間的任何活動。西洋藝術音樂一般常見的情況，諸如：補充未能充份完成記譜的音樂內容、特定段落的修飾、加入華彩樂段、甚或在某些既有曲式（如賦格曲或變奏曲），會經由發展特定素材而完成全曲創作。

從上文對於音樂的即興來說，清楚指出「即興」存在的狀態是在「表演當下」所進行的作品創造活動。約翰·馬丁（John Martin，1951～）在《跨文化表演手冊》（*The Intercultural Performance Hanbook*）中指出，「即興技巧在戲劇中的運用有三種情形：「排練前」、「排練中」，以及「表演中」。〔註9〕」

　　即是當今即興戲劇的三大脈絡，簡單的說，便是：「純即興戲劇」、「集體即興創作戲劇」、「幕表戲」。林鶴宜在書中對於「集體即興創作戲劇」一詞有明確說明：

> 所謂「集體即興創作戲劇」（devised theatre，或稱 ensemble theatre，或 collaborative creation），以即興作為排練階段的編劇手段，利用即興的方法在排練過程中讓演員集體合作，互相激發分享各自的經驗，發展劇本，最後由導演進行統籌，寫定劇本。演員根據導演寫定的劇本進行排練，最後上臺演出。相較於幕表戲和純即興戲劇，它的即興成分是在登臺之前，發展劇本之時，登臺的前一刻，即興

〔註7〕引自維基百科。網址：https://zh.wikipedia.org/wiki/即興劇場。
〔註8〕引自蘇秀婷《臺灣客家採茶戲之發展及其文本形成研究》，國立政治大學中國文學系博上論文，2011，頁 208。
〔註9〕約翰·馬丁《跨文化表演手冊》，（倫敦；紐約：Rourledge，2004 年）「定義即興創作」，頁 101～107。

　　都已停止。〔註10〕

眾人集思廣益進行劇本編創，由大家共同設計劇情架構，上文中所謂的「由幾個人搭起架子來，結構成一個輪廓，眾人往裡填肉（湊情節、人物性格、臺詞、動作）」與「利用即興的方法在排練過程中讓演員集體合作，互相激發分享各自的經驗，發展劇本」兩者在排練過程中都還處於即興過程，最後由導演統籌，即興就在演出前告一段落，上臺後就是照導演所統籌與劇本去做為演出依據。

　　即興是需要依據演員的創造力，讓戲劇結構達到完整塑造。當代心理學對人類創造能力的心理結構研究認為，構成創造能力的複雜心理因素有創造性知能、創造性思維和創造性個性三方面。創造性知能包括創造活動所需的知識技能專業能力等，反映了創造能力的特殊性、具體性，是創造能力結構的外殼，是實踐操作部分創造性、個性，是一系列創造活動所需的穩定心理品質，構成了創造能力結構的內核，一方面它產生著創造活動的動力，另一方面它還組織、協調著創造性思維的活動過程，體現了創造能力的導向和意志特點。創造性思維包括著多種思維過程和方式，構成了創造能力外殼和內核之間的活躍層，是創造能力中最活躍、最具能動性的組成部分，體現了創造能力的智力性和一般性。

　　即興戲劇是先預定好可能發生的內容再排練。每個人的思緒千千萬萬，這是無法提前預知到結果的。所以，即興戲劇的排練，與其說「排練」，不如說是「訓練」。在每次訓練過程中，其實是從培養即興能力的角度不斷加強演員能力，使得演員能夠應對任何內容和題材的即興創作和演出，即興創作需要不斷根據對手提出的內容進行新的創作，所以傾聽和專注極為重要。

二、幕表戲

　　幕表戲，在戲班這套體系被俗稱為「做活戲」〔註11〕，兩岸每個劇種對於幕表戲的稱呼都有所不同，除了幕表戲，尚有提綱戲、條綱戲、總綱戲、會場戲、山頭戲、路頭戲、桶外戲、橋路、武戲、科白戲、望風采柳等。〔註12〕

〔註10〕林鶴宜《東方即興劇場歌仔戲「做活戲」上編：歌仔戲即興戲劇研究》，（臺北市：臺大出版中心出版：臺大發行，2016年12月），頁45。
〔註11〕林鶴宜對「做活戲」有詳細之說明。
〔註12〕林鶴宜〈中西即興戲劇脈絡中的歌仔戲「做活戲」：藝術定位、研究視野與劇場運用〉，《民俗曲藝》179期，2013年3月，頁142。

在〈臺灣歌仔戲中程式語言的作用：以歌仔戲「活戲」演出為例〉中提到「提綱本」演出在中國民間的俗稱，如：在湖南稱為「塔橋本」或「水本子」，湖北稱為「水路子」，安徽稱為「小路子」，廣東粵劇稱為「爆肚戲」，鄂東的黃梅戲稱為「水戲」〔註13〕，以不同角度切入，彰顯其特色。在中國戲曲的傳統中習慣稱為「幕表戲」，意指在「幕表制」的傳統下發展成的戲劇形式：

> 幕表制：戲曲名詞。舊時戲曲演出新編排的劇目，沒有固定腳本，
> 只有大綱，略載全劇幾場，某場幾個角色，出場先後，情節概要，
> 唱詞念白均由演員即興發揮。大綱往往列表張貼後臺，這種演出制
> 度即稱為幕表制。〔註14〕

其「即興」是建立在演員本身「記憶」的基礎之上：即不用固定劇本，只有一張題綱，無需反覆排戲，而是在演出前半小時或幾小時，由講戲先生將劇情告訴演員，演員邊化妝邊聽戲中腳色的性格與故事走向，講戲先生在演出前把演出的提綱（幕表）貼在後臺，幕表內容主要是這齣戲的場次、先後出場角色、簡單的情節概要、所用砌末等等。演員在舞臺上只需掌握這張簡單的「幕表」，就能搬演，具體的對白和唱詞與動作身段，則需要由演員自己視劇情發展「靈活發揮」。戲演得好不好，完全取決於演員自身累積經歷是否豐富。幕表戲的「幕表」只有情節骨幹和一些演出術語，並沒有對話，除非戲中有情節是非得說的臺詞才會強調。整體結構如同「拼圖」，將其他戲齣的某段相似情節拿來套用而產生。蘇秀婷對於幕表戲一詞提到：

> 幕表戲就是沒有劇本，只靠一張幕表演戲之謂。編劇的人並不寫出
> 完整的劇本，只根據傳說、筆記或者小說之類，把故事編排一下，
> 把它分場若干場，每一場按照故事的排列分配一些角色，有時寫明
> 上下場的次序，有時不寫，有時註上按照情節非說不可的臺詞，有
> 時連這個也沒有。排戲的時候，只要把角色派好把演員的名字寫在
> 劇中人的下面，大家聚攏來，把戲的情節和上下場的次序說一說，
> 那就編和導的責任都盡了。〔註15〕

〔註13〕劉南芳〈臺灣歌仔戲中程式語言的作用：以歌仔戲「活戲」演出為例〉，《臺灣文學研究》，第3期2012年12月，頁66～67。

〔註14〕參見《中國戲曲曲藝辭典》，（上海：上海辭書出版社，1981年），頁86。

〔註15〕蘇秀婷《臺灣客家採茶戲之發展及其文本形成研究》，國立政治大學中國文學系博士論文，2011，頁189。

幕表戲具有如此強大的靈活性，因此演員無需在依賴劇本的條件下，僅靠講戲先生的「隻字片語」就能進行搬演，這也是幕表戲其演出的特色之處。多數民間戲班流動性大，舞臺條件差，演出時所依據的幕表，都由演員自己記錄，或乾脆記在腦子裡。上文中提到「只要大家聚攏來，把戲的情節和上下場的次序說一說，那就編和導的責任都盡了」。一些經驗豐富又肯用功的演員，往往能記住兩三百齣戲的幕表，所以講戲先生只需要交代情節走向跟人物上下場的順序，其他都由演員的「腹內」去做即興發揮。

但這套技術並非無中生有、憑空想像，傳統戲曲既定的表演程式中，演員吸收了大量劇本戲的「唱、念、做、打」，依演員自身所學，在劇中符合情節人物的情境下，將所學其靈活運用，憑藉的正是這種結合了豐富「記憶」、「腹內」的即興表演。

幕表戲就戲曲形製而言，有此一說：一是幕表定型化的老劇目，一為幕表即興的新編劇目，往往演員所仰賴的並非是既定的劇本形製。以老劇目論，通常讓前輩帶晚輩；至於新劇目則是多使用在「即興演出」。幕表戲展演過程中，在老戲或者無劇本作為演出根據，對表演者而言，無疑是巨大的挑戰，同時也是如何舊瓶裝新酒注入演員的基本家底，關乎演出歷程所呈現的展演狀態。

第四節　文獻探討

追本溯源，依循客家戲曲研究資料疏理，主要沿著客家戲曲歷史發展脈絡作為研究主題，自陳雨璋碩士論文《臺灣客家三腳採茶戲——賣茶郎的故事研究》〔註 16〕（1985）作為採茶戲研究的首篇研究論文後，其後的研究者依循著「三腳採茶戲」、「客家改良戲」、「客家大戲」的脈絡發展。諸如：謝一如《臺灣客家戲曲之流變與發展從客家三腳採茶戲到客家大戲研究》〔註 17〕（1997）。黃心穎《臺灣客家戲劇現況之研究》〔註 18〕（1997）。

〔註 16〕陳雨璋《臺灣客家三腳採茶戲——賣茶郎之研究》，1985 年，臺北：國立臺灣師範大學音樂研究所碩士論文。
〔註 17〕謝一如《臺灣客家戲曲之流變與發展從客家三腳採茶戲到客家大戲研究》，1997 年，臺北：中國文化大學藝術研究所碩士論文。
〔註 18〕黃心穎《臺灣客家戲劇現況之研究》，1997 年，臺北：私立輔仁大學中國文學系碩士論文。

蘇秀婷《臺灣客家改良戲之研究——以桃竹苗三縣為例》〔註19〕（1999）。

鍾駿楠《臺灣客家大戲發展研究》〔註20〕（2008）。

　　至於以文本及劇目方面的研究有：

范韵青《從「情」、「意」觀點探討客家改良採茶大戲——以〈乞米養狀元〉等十二齣戲為例》〔註21〕（2003）。

蘇秀婷《臺灣客家採茶戲之發展及其文本形成研究》〔註22〕（2011）。

林詩文《臺灣客家三腳採茶戲「張三郎賣茶」劇目改編之初探》〔註23〕（2016）。

胡宸宇《歌仔戲《竹塹林占梅》及客家戲《潛園風月》表演文本之研究》〔註24〕（2016）。黃兆鋒《客家大戲之研究：以榮興客家採茶劇團作品《三山國王傳奇》為例》〔註25〕（2016）。

　　探討表演形態與特色的有：

莊美玲《臺灣客家三腳採茶戲「棚頭」之研究——以《以張三郎賣茶故事》「十大齣」為例》〔註26〕（2006）。

李文勳《客家大戲表演型態之研究》〔註27〕（2008）。

鍾永宏《從落地掃到文化場：客家撮把戲在臺灣的形成與轉變》〔註28〕（2008）。

〔註19〕蘇秀婷《臺灣客家改良戲之研究——以桃竹苗三縣為例》，1999年，臺南：國立成功大學藝術研究所碩士論文。

〔註20〕鍾駿楠《臺灣客家大戲發展研究》，2008年，臺中：私立逢甲大學中國文學系碩士論文。

〔註21〕范韵青《從「情」、「意」觀點探討客家改良採茶大戲——以〈乞米養狀元〉等十二齣戲為例》，2003年，臺北：臺北市立師範學院應用語言文學研究所碩士論文。

〔註22〕蘇秀婷《臺灣客家採茶戲之發展及其文本形成研究》，2011年，臺北：國立政治大學中國文學系博士論文。

〔註23〕林詩文《臺灣客家三腳採茶戲「張三郎賣茶」劇目改編之初探》，2016年，中壢：國立中央大學客家語文研究所碩士論文。

〔註24〕胡宸宇《歌仔戲《竹塹林占梅》及客家戲《潛園風月》表演文本之研究》，2016年，宜蘭：私立佛光大學藝術學研究所碩士論文。

〔註25〕黃兆鋒《客家大戲之研究：以榮興客家採茶劇團作品《三山國王傳奇》為例》，2016年，苗栗：國立聯合大學客家語言與傳播研究所碩士論文。

〔註26〕莊美玲《臺灣客家三腳採茶戲「棚頭」之研究——以《以張三郎賣茶故事》「十大齣」為例》，2006年，花蓮：國立花蓮教育大學民間文學研究所碩士論文。

〔註27〕李文勳《客家大戲表演型態之研究》，2008年，宜蘭：私立佛光大學藝術學研究所碩士論文。

〔註28〕鍾永宏《從落地掃到文化場：客家撮把戲在臺灣的形成與轉變》，2008年，臺南：國立臺南藝術大學民族音樂學研究所碩士論文。

蔡宴蓉《客家外臺戲「活戲」表演及其鑼鼓運用》〔註29〕（2013）。

黃俊琅《客家外臺「酬神戲」表演藝術研究》〔註30〕（2014）。

　　另外，也有以劇團、戲班及藝師作為研究對象，探討其劇團的作品與發展：范光宏《臺灣客家改良戲之研究——以新竹龍鳳園歌劇團為例》〔註31〕（2005）。

徐進堯《龍鳳園戲劇團研究——兼論臺灣客家採茶戲的發展與演變》〔註32〕（2006）。江彥琛《臺灣客家戲劇團之經營管理研究——以榮興客家採茶劇團為例》〔註33〕（2007）。蔡東籬《客家「撮把戲」的傳統技藝及其音樂之研究——以楊秀衡與林炳煥為研究對象》〔註34〕（2007）。

王珮琪《臺灣客家採茶戲傳承之探討——以知名藝人阿玉旦到黃秀滿為主要觀察》〔註35〕（2008）。

陳芝后《臺灣客家戲受京劇影響之研究——以榮興客家採茶劇團為例》〔註36〕（2010）。張秋華《當代臺灣客家戲曲之建構——以「榮興客家採茶劇團」為例》〔註37〕（2010）。廖思亭《從劇場演出看客家戲曲的現代化——以「榮興客家採茶劇團」作品《羅芳伯傳奇》為例》〔註38〕（2010）。

〔註29〕蔡宴蓉《客家外臺戲「活戲」表演及其鑼鼓運用》，2013 年，臺北：臺北藝術大學傳統音樂學所理論組碩士論文。

〔註30〕黃俊琅《客家外臺「酬神戲」表演藝術研究》，2014 年，私立佛光大學藝術學研究所碩士論文。

〔註31〕范光宏《臺灣客家改良戲之研究——以新竹龍鳳園歌劇團為例》，2005 年，新竹：國立新竹教育大學進修部音樂教學碩士論文。

〔註32〕徐進堯《龍鳳園戲劇團研究—兼論臺灣客家採茶戲的發展與演變》，2006 年，臺北：國立臺北大學民俗藝術研究所碩士論文。

〔註33〕江彥琛《臺灣客家戲劇團之經營管理研究——以榮興客家採茶劇團為例》，2007 年，嘉義：華南大學美學與藝術管理研究所碩士論文。

〔註34〕蔡東籬《客家「撮把戲」的傳統技藝及其音樂之研究——以楊秀衡與林炳煥為研究對象》，2007 年，臺北：國立臺北藝術大學音樂學研究所碩士論文。

〔註35〕王珮琪《臺灣客家採茶戲傳承之探討——以知名藝人阿玉旦到黃秀滿為主要觀察》，2008 年，臺北：國立臺北藝術大學音樂學系碩士在職專班碩士論文。

〔註36〕陳芝后《臺灣客家戲受京劇影響之研究——以榮興客家採茶劇團為例》，2010 年，宜蘭：私立佛光大學藝術學研究所碩士論文。

〔註37〕張秋華《當代臺灣客家戲曲之建構——以「榮興客家採茶劇團」為例》，2010 年，板橋：國立臺灣藝術大學表演藝術研究所碩士論文。

〔註38〕廖思亭《從劇場演出看客家戲曲的現代化——以「榮興客家採茶劇團」作品《羅芳伯傳奇》為例》，2010 年，板橋：國立臺灣藝術大學戲劇學系研究所碩士論文。

謝佳玲《客家戲班的文化展演：以新竹地區三個客家戲班為例》〔註39〕（2010）。
以客家戲曲音樂、唱腔作為研究主題的有：
劉新圓《臺灣北部客家歌樂山歌子的即興》〔註40〕（2000）。
麥槙琴《臺灣客家改良戲之音樂研究——以「平板」唱腔演變為例》〔註41〕
（2004）。何東錦《臺灣客家改良戲唱腔研究——以榮興客家採茶劇團 2003
年演出之〈錯有錯〉為例》〔註42〕（2004）。
曾瑞媛《客家山歌之節奏研究》〔註43〕（2012）。

　　以上文獻能說明前輩的研究以為客家戲曲打出一片新研究天地。近年來，
臺灣「客家戲曲」的碩博論文研究可說是史無前例，從 2007 年至今，出現一
批研究者主要以戲曲科班生「實踐者」的角度，從演員投入研究領域，如江
彥瑮、李文勳、陳芝后、蔡宴蓉、黃俊琅、胡宸宇、黃兆鋒、王芳敏、林詩文
等。這些研究者以「圈內人」的身分，或是實踐者自身的實踐經驗角度去撰
寫論文，為客家戲曲的研究領域中添加了新的研究視角，開闢了新的研究範
疇與氣象。

　　然而作為一項表演藝術的「幕表戲」研究，自 2007 年起，林鶴宜陸續針
對「做活戲」發表八篇專論，分別從「幕表編劇創作機制〔註44〕」、「劇目的
田調分析〔註45〕」、「講戲人的專長〔註46〕」、「演員即興表演及養成〔註47〕」、

〔註39〕謝佳玲《客家戲班的文化展演：以新竹地區三個客家戲班為例》，2010 年，
　　　　中壢：國立中央大學客家社會文化研究所碩士論文。
〔註40〕劉新圓《臺灣北部客家歌樂山歌子的即興》，2000 年，臺北：國立臺灣大學
　　　　音樂學研究所碩士論文。
〔註41〕麥槙琴《臺灣客家改良戲之音樂研究——以「平板」唱腔演變為例》，2004 年，
　　　　臺北：國立臺北師範學院音樂研究所碩士論文。
〔註42〕何東錦《臺灣客家改良戲唱腔研究——以榮興客家採茶劇團 2003 年演出之
　　　　〈錯有錯〉為例》2004 年，東吳大學音樂學系碩士論文。
〔註43〕曾瑞媛《客家山歌之節奏研究》，2012 年，臺中：國立臺中教育大學語文教
　　　　育學系碩博士班博士論文。
〔註44〕林鶴宜〈歌仔戲「幕表」編劇的創作機制和法則〉，《成大中文學報》第 16 期
　　　　（臺南：成功大學中文系，2007 年 4 月），頁 171～200。
〔註45〕林鶴宜〈歌仔戲「活戲」劇目研究：以田野隨機取樣為分析對象〉，《紀念俞
　　　　大綱先生百歲誕辰戲曲學術研討會論文集》（宜蘭：國立傳統藝術中心，2009
　　　　年 8 月），頁 259～292。
〔註46〕林鶴宜〈「做活戲」的幕後推手：臺灣歌仔戲知名講戲人及其專長〉，《戲劇研
　　　　究》創刊號（臺北：中央研究院中國文哲研究所，2008 年 1 月），頁 221～
　　　　251。
〔註47〕林鶴宜〈東方即興劇場：歌仔戲「做活戲」的演員即興表演機制和養成訓練〉，

「歌仔戲劇目創作〔註48〕」、「做活戲藝術定位、研究視野與劇場運用〔註49〕」、
「活戲的田調數據〔註50〕」、「後場樂師即興技巧〔註51〕」等方面來討論歌仔
戲「做活戲」的題材類型、講戲程序、演員的即興演出、歌仔戲幕表戲的定
位。2016 年也將其研究多年成果集結成冊出版了《東方即興劇場歌仔戲「做
活戲」〔註52〕》，此書主要是由林鶴宜的國科會專題研究計畫、學術性專書
寫作計畫及文建會傳統藝術中心的研究計畫為基礎，增補改寫而成。尤有甚
者，劉南芳對「幕表戲」也發表了多篇論文，主要針對幕表戲其劇本的語言
〔註53〕與即興到定本的書寫〔註54〕。劉南芳同樣在 2016 年出版了《臺灣歌仔
戲中的活戲套路及程式語言》，此書對於幕表戲的「套路（站頭）」及「程式語
言」研究極為細膩，能看出作者花了很多心力田調老藝人生產出的重要成果，
此書是筆者研究幕表戲「站頭」的重要依據。林鶴宜與劉南芳是目前對於「幕
表戲」研究最為全面性的學者，可以說是研究「幕表戲」的權威性代表，兩者
的研究專論及專書是筆者作為客家戲幕表戲研究的重要參考架構，期望這本
論文對於客家戲的注意，能為完善臺灣幕表戲研究做出獨特的貢獻。

關於歌仔戲研究幕表戲的專書、期刊論文、研討會論文、學位論文，已
達到一定的產量研究價值，亦可詳觀臺灣目前對於幕表戲研究的相關文獻紀
載。詳見（附錄一）能看出歌仔戲的幕表戲研究已經開闢到了一個階段，雖

《戲劇學刊》第 13 期，（臺北：國立臺北藝術大學，2011 年 1 月），頁 65～
101。

〔註48〕 林鶴宜〈臺灣歌仔戲「做活戲」的演員即興表演與劇目創作參與〉，《民俗曲
藝》175 期，（臺北：施合鄭民俗文化基金會，2012 年 3 月），頁 107～175。

〔註49〕 林鶴宜〈中西即興戲劇脈絡中的歌仔戲「做活戲」：藝術定位、研究視野與劇
場運用〉，《民俗曲藝》179 期，（臺北：施合鄭民俗文化基金會，2013 年 3 月），
頁 123～184。

〔註50〕 林鶴宜〈臺灣歌仔戲「做活戲」的田野數據類型與運用〉，《中華藝術論叢》
第 12 輯（上海：復旦大學出版社，2014 年 8 月），頁 123～145。

〔註51〕 林鶴宜〈臺灣歌仔戲「做活戲」後場樂師的人才養成與即興伴奏技巧〉，《戲
劇學刊》第 21 期，（臺北：國立臺北藝術大學，2015 年 1 月），頁 161～194。

〔註52〕 林鶴宜《東方即興劇場 歌仔戲「做活戲」上編：歌仔戲即興戲劇研究、下
編：歌仔戲即興戲劇研究的資料類型和運用》，國立臺灣大學出版中心，2016
年 12 月，初版。

〔註53〕 劉南芳〈臺灣歌仔戲中程式語言的作用：以歌仔戲「活戲」演出為例〉，《臺
灣文學研究》第 3 期，（臺南：國立成功大學臺灣文學系，2012 年 3 月），頁
51～109。

〔註54〕 劉南芳〈當今臺灣歌仔戲改編的挑戰──從即興到定本〉，《戲劇學刊》第 4
期，（臺北：國立臺北藝術大學戲劇學院，2006 年 7 月），頁 105～131。

研究是以「歌仔戲」為主體，並非「客家戲」，但在上述所論「活戲」與筆者將討論之「幕表戲」在研究方法與參考資料上十分相似，亦能為筆者論文增加研究價值深度。

　　本論文以客家戲「幕表戲」為研究重點，目前現有的客家戲曲研究文獻雖不少，但以客家幕表戲為研究對象的能說是屈指可數，如蘇秀婷《臺灣客家採茶戲之發展及其文本形成研究》（2011），其論文第三章敘述臺灣客家採茶戲的文本型態，並著重在「幕表戲」與「定本戲」兩類文本的討論，一方面析論兩者的異同之處，以釐清兩者在文本上的特徵；另一方面也試圖說明過去被截然二分的兩種文本類型，在民間的創作、改編，以及演員的表演實踐上，實有相當的關聯性，並以幕表戲與定本戲之運用、幕表戲的文本形成及表演、存在於幕表戲與定本戲的演員「即興」活動、幕表戲與定本戲的交互改編現象進行的文本探討，主要是探討其「劇本文本」的形成面向，疏理出民間藝人在既有戲目的基礎上，以挪用、改編、變形、置換、拼貼等種種手法，再編成一新劇。李文勳《客家大戲表演型態之研究》（2008），其論文第三章日唱四平、夜唱採茶之表演特質，第一節中以演員的視角切入去探討幕表戲「講戲先生」的產生與功能並敘述其如何安排演出，也以圖表式羅列出幕表戲表演中的「舞臺暗號」。李文勳文中提到講戲先生的功能只是為了敘述客家改良戲在外臺表演特質，並未深入以幕表戲為探討對象，主要以自身經驗行文居多。蔡宴蓉《客家外臺戲「活戲」表演及其鑼鼓運用》（2013），其本身是客家戲曲的樂師（鼓佬），長期效力於榮興客家採茶戲劇團，本論文主要以圈內人的身分，探討在幕表戲表演機制下，客家戲曲「鑼鼓」的基本運用方式。黃俊琅《客家外臺「酬神戲」表演藝術研究》（2014），同樣以圈內人的身份，其將幕表戲以「酬神戲」稱之，其是目前唯一一篇主要以客家幕表戲為探討對象的碩士論文，文中分析其「講戲先生」與「酬神戲」的戲劇架構。但第四章較可惜，沒有繼續深入分析，反而是偏離論文題目探討戲曲臉譜中的人物形象塑造，並以作者本身是京劇背景的角度，比較京劇臉譜與客家戲臉譜異同性。

　　由於以客家幕表戲作為研究對象的專篇論文相對少見，在相關文獻資料補充上有困難度，因此參考其他劇種之相似研究文獻，為筆者研究幕表戲文獻資料的方法之一。

第五節　研究方法與研究架構

一、研究方法

本文之研究方法為以下二項，概述如下：

1. 文獻資料法：幕表戲相關書籍、已發表之博碩士相關論文、期刊論文、研討會論文。詳加的閱讀與客觀的分析比較，釐清歷史文獻，穩固本論文之完整性。

2. 田野調查法：

（1）以學生對於幕表戲久經風霜的演出中，發掘「第一手」資料。

（2）以現今活躍在酬神廟會演出中的客家戲劇團演員為訪談對象，作為本論文視同拱璧的研究文獻資料來源，並以當行者的角度詳細觀察演出狀況，錄音、錄影。

有關客家幕表戲表演特色資料的蒐集與累積，主要採「以自身演出經驗」、「田野訪談採集」、「整理民間藝人的口述資料」為研究重心，以學生長時間接觸客家「幕表」表演，對於「客家幕表戲」有充分的劇場親身體驗與舞臺實踐，從外臺戲演出中與藝人學習與切磋下加強研究計畫重心，從中獲得「第一手」研究資料，是為研究計畫進行的一大邁進。

客家戲現今仍然活躍於客籍聚落的酬神場域以及文化部、行政院客家委員會、各大縣市的補助案、每年的文化季公演等，在許多表演藝術已慢慢消失的今日，客家採茶戲仍保有民間祭祀演出的基礎，實屬難得可貴，這項藝術已被視為臺灣戲曲珍貴的資產，值得去重視與保留並傳承下去，替客家幕表戲找出一個重要的定位。因此，本論文所進行的研究均著重在「相關文獻疏理」、「田野訪談採集」、「以自身演出經驗」、「整理藝人的口述資料」為觀察方向。在講戲先生已式微的今日，許多客家劇目都已大量失傳，經典劇目都已不復在，為此現存的「口頭劇本〔註55〕」已然成為和璧隋珠的文獻資料。為求讓研究計畫範圍達到全面性的觀照，筆者嘗試著以「劇團交流」的角度去觀察現今仍活躍於客籍聚落酬神場域的劇團，試圖發掘出客家幕表戲的更多樣貌，並參照歌仔戲「幕表戲」的發展情形，採取「劇種對比」的形式為客

〔註55〕鄭劭榮，〈論我國影戲口頭劇本的口傳文學特徵〉，收錄於《2010 年中國文學傳播與接受國際學術研討會論文彙編》（湖北：武漢大學中國文學傳播與接受研究中心，2012），頁 324。

家幕表戲找出其定位與可能性。

二、研究架構

　　本研究在架構上主要以「客家幕表戲」為研究重心。第一章，緒論，乃就「幕表戲」之特殊性，說明本論文之研究動機與目的、名詞解釋、文獻探討與研究方法、架構及研究困難。第二章，疏理出客家戲的歷史背景、發展脈絡以及客家幕表戲現今概況。第三章，從客家文化的樣貌，帶入客家幕表戲在客籍聚落的酬神場域內外部構成條件與運作機制為何？第四章，探討客家戲幕表戲的表演形式特色，從即興的演員特色、幕表戲術語（給肩膀）配合要點，再到幕表戲即興中被固定的站頭。第五章，結論，總結客家幕表戲現今所面臨的困境為何，幕表制轉向定本制再帶入現今科班生面對幕表戲的學習瓶頸。

第二章　客家幕表戲其形成與發展

第一節　客家戲的歷史脈絡

根據記載，最早移民臺灣的漢人，於明朝嘉靖、萬曆年間。臺灣客家族群渡臺時間相當早，約在康熙中葉以後，即客家遷徙運動的第四時期。羅香林分析其原因為清廷克服臺灣，鄭氏部眾多逃亡南洋群島，全臺空虛，致使廣東嘉應各屬客家，有此良好的機會，又復盛向臺灣經營。並引《臺灣從軍義民紀略》：

> 「客人者，嘉、平、鎮三州邑僑寓之人也。先是臺灣，明亡，鄭氏
> 據有其地；康熙初，始入版圖，內地流人僑寓者，閩人謂之犵佬，
> 粵人謂之客人。」以為證明。〔註1〕

然而，羅香林用「又復盛向臺灣經營」形容嘉應各屬的客家人遷臺情形，似乎表示在此之前的臺灣已有客家移民。可惜其書中對此並無較詳細的分析。

德國史學家里斯（Ludwig Riess）研究荷蘭史料發現，荷蘭人與臺灣原住民的溝通多由客家人居中翻譯〔註2〕。早期著名者，如何斌（領鄭軍入臺之荷蘭通事）、陳永華（東寧總制，人稱鄭家諸葛）、劉國軒（中提督、平北將軍、武平侯）均為客家人。故此，尹章義教授認為客家人與閩南人幾乎是同時抵達臺灣，甚至可能更早〔註3〕。鄭氏時期漢人的文獻材料，大略可以描繪出早

〔註1〕羅香林《客家研究導論》（臺北：南天書局，1992），頁61～62。
〔註2〕里斯（Ludwig Riess）原著／周學普翻譯，《臺灣研究叢刊第三四種：臺灣經濟史3集（臺灣島史）》（臺灣銀行經濟研究室，1956年4月）頁88。
〔註3〕張靜茹〈一頁滄桑史——客家人在臺四百年〉，《臺灣光華雜誌》，（1999年8月）頁24。

期客家移民臺灣的輪廓。

　　除外，戴維遜（James W. Davidson）在《臺灣之過去與現在》也表示第一批移居臺灣的人是客家人，其中有不少人在荷蘭人之前就已抵臺，戴維遜指出客家即「外來人」之意，其性格勤勉、天性兇悍，並與猶太人比較，寫道：「他們（客家人）和猶太人一樣從甲地被趕到乙地，雖然勤儉，沒有可稱為他們自己所有的土地。〔註4〕」因被迫害而來到臺灣，戴維遜可能參考過里斯（Ludwig Riess）的文獻，在人數上也稱：「廣東省內有三分之一的客家人於一個世紀中移民到臺灣島〔註5〕。」

　　呂訴上有明確談到，臺灣採茶是「廣東客人帶到臺灣來的一種歌謠戲。〔註6〕」意謂從廣東移植來臺的客家戲曲，以通俗客家歌謠結合庶民合歌的形式，進一步由民間藝人進行改良，有機會透過通俗商業劇場中逐漸壯大，從小戲轉變為大戲。小戲與大戲之間又有段過渡時期，客家戲曲為了茁壯自生吸收了其他劇種的身段、劇本、角色行當、機關佈景、道具、服裝、音樂等，在1920年逐漸產生了「改良戲」、「客家大戲」一說。客家大戲形成過程與歌仔戲相似，卻不如歌仔戲受人重視，於是出現「客家歌仔戲」一說，以「客家歌仔戲」稱呼客家戲，其給人之第一印象和觀感有關，不能給予否認，但這並非客家戲的原有樣貌，只能說是最適合客家戲班生存所產生的結果。

　　客家戲班長期間下來趨向多元化的演出方式，反到失去了原有特色，漸漸被冠上了「客家歌仔戲」、「什錦戲」、「雜戲」。〔註7〕由於客家戲商業性的演出，在臺灣這種環境，稱做「戲曲活魚三吃」，或是「三下鍋〔註8〕」，能說是客家戲一大特色。呂訴上在《臺灣電影戲劇史》中也有相類似的描述：

　　　　其實現在較出示公眾場所，或是劇院娛樂的戲劇，亦只剩下，歌仔

〔註4〕戴維遜（James W. Davidson）／著、蔡啟恆／譯《臺灣之過去與現在》，（臺灣研究叢刊第107種），（臺北：臺灣銀行經濟室，1972年），頁42。

〔註5〕戴維遜（James W. Davidson）／著、蔡啟恆／譯《臺灣之過去與現在》，（臺灣研究叢刊第107種），（臺北：臺灣銀行經濟室，1972年），頁43。

〔註6〕呂訴上《臺灣電影戲劇史》（臺北：銀華出版社，1961年9月初版，1991年9月再版）。

〔註7〕黃心穎《臺灣的客家戲》（臺北市：臺灣書店，1998年11月初版），頁17。

〔註8〕所謂幾下鍋，是指在一場演出中既有客家戲也有其它劇種，或者幾個劇種合演一齣戲；結合兩個劇種就叫兩下鍋，三四種或更多劇種同臺演出的，就叫三下鍋、四下鍋等。

戲、京戲、話劇、掌中戲等幾種而已，其中除了京戲保持著國粹的
原來戲劇外，<u>其餘為了討好觀眾，而形成奇形怪狀……</u>。〔註9〕（底
線為筆者所加）

呂訴上在文中所提及的歌仔戲，不能否認是否包括客家戲，呂認為只有京劇
保有傳統風格，其他戲劇則嘗試結合現代商業元素，於1960年代尚未結合成
功，所以被指責為奇形怪狀。當時客家戲與歌仔戲為了要茁壯本身，吸收其
他劇種表演風格，這正是客家戲與歌仔戲班的成長歷史背景，與其說是「奇
形怪狀」，筆者認為更是「獨樹一幟的表演風格」。

一、採茶戲歷史考源

　　臺灣客家戲又稱「三腳採茶戲」、「客家改良戲」、「客家大戲」。客家戲曲
至今已成為臺灣本土的地方劇種之一。被稱作採茶戲的劇種則發源於江西贛
南。〔註10〕隨著客家民族的移徙而播撒至閩粵地區和南方諸省區，並於清末
流播至臺灣，在《中國戲曲曲藝詞典》「贛南採茶戲條」也記載：

> 流行於江西南部與廣東北部。明代末年由贛南安遠縣九龍山的採茶
> 燈發展而成。因僅有二旦一丑，故名「三腳班」。清乾隆年間增加弦
> 樂伴奏。傳統劇目大多反映民間生活的小戲，以喜劇、鬧劇為主，
> 風格輕鬆活潑〔註11〕。

此段文字顯示，江西南部和廣東北部的採茶戲皆發展於贛南安遠縣，同時「二
旦一丑」的編制被命名為「三腳班」。劇目大致上是以小戲、喜劇、鬧劇的輕
鬆活潑為主要風格。黃心穎在《臺灣的客家戲》一書中也提及，臺灣的客家
三腳採茶戲淵源自贛南採茶，其演出內容、語言共通點，與流行的區域和客
家族群有地緣上的關係，黃在書中指出：

> 贛南採茶戲以贛州話與客語演唱，又流傳於粵東、粵北一帶，其所
> 有的「十二月採茶」、盤茶、鬧五更、送郎下山、《賣什貨》等劇情
> 和戲碼，雖不知其實際內容為何，在名稱上，和臺灣客家三腳採茶

〔註9〕呂訴上《臺灣電影戲劇史》（臺北：銀華出版社，1961年9月初版，1991年
　　　9月再版），頁185。

〔註10〕鄭榮興《臺灣客家三腳採茶戲研究》財團法人慶美園文教基金會，2001年2
　　　月初版一刷，頁3。

〔註11〕錄自《中國戲曲曲藝詞典》「贛南採茶戲」條，（上海辭書出版社，1981年初
　　　版），頁203。

戲班所演，有太多類似之處，讓人不由得產生聯想……〔註12〕

會有如此猜測也不無道理，臺灣客家三腳採茶戲中的戲齣與曲調名稱，有太多與贛南採茶相同，而內容上是否相同，不得而知，但筆者認為必有所差異。隨之傳到臺灣，就會因在地文化及風俗改變進而調動表演內容走向，好比臺灣的京劇與中國的京劇雖劇目名稱相同，但表演上卻有其獨特與在地性的不同呈現面向。關於客家採茶戲曲的形成與淵源，由誰傳入？在陳雨璋的論文有說明傳入的可能性：

> 唯有莊木桂先生，談到他父親卓清雲先生的師父何阿文先生是來自廣東，定居在頭份，從年齡推算，何阿文先生大概在同治年間到臺灣，可是他是否第一個傳入「三腳採茶戲」的則不知道。唯一可確定的是那時已有「三腳戲」在臺灣。〔註13〕

根據鄭榮興針對在臺授徒廣泛的藝人何阿文之年籍考察，何阿文的籍貫記載為「福」，應為福建籍客家人，生於日本安政五年（清咸豐八年（1858）），卒於日治時期大正十年（1921）。再依據田野訪查，何阿文是新竹竹北新城的福建客籍人士，至遲在四十四歲時已傳徒受藝，其徒弟知名者有梁阿才、阿浪旦、卓清雲等。鄭榮興指出，雖不能證明何阿文是否將三腳採茶戲從中國帶到臺灣，但從何阿文的生卒年來推測，可以肯定三腳採茶戲最早於「清朝光緒年間」，已傳入臺灣，並已開始活躍。〔註14〕此乃依據師承脈絡的實證考察而得之年代，實則三腳採茶戲傳入臺灣的年代可能更早於此。

至於客家族群大量移入臺灣定居的時間點，根據陳運棟《臺灣的客家人》一書中的考證結果，推論大概是在「清康熙二十年代以後〔註15〕」，即是康熙、雍正、乾隆年間，中國原鄉的客家民族首先移居於臺灣南部，到了乾隆、嘉慶、道光三朝，臺灣客家人又漸漸遷移至臺灣北部。而《臺灣戲劇史（增修版）》中推測出採茶戲可能是在清中葉的乾、嘉之際傳入臺灣：

> 清中葉的乾、嘉之際，北管亂彈戲傳入臺灣，還有小戲的車鼓、採

〔註12〕黃心穎《臺灣的客家戲》（臺北市：臺灣書店，1998年11月初版），頁19～21。

〔註13〕陳雨璋《臺灣客家三腳採茶戲──賣茶郎之研究》，師範大學音樂研究所，1985年6月，頁11。

〔註14〕鄭榮興《臺灣三腳採茶戲研究》，（苗栗縣：財團法人慶美園文教基金會，2001年），頁55。

〔註15〕陳運棟《臺灣的客家人》（臺北：臺元出版社，1989年），頁96。

茶，偶戲的影戲和懸絲魁儡，應該也已經在臺灣流傳。〔註16〕

徐亞湘也指出：

> 據成書於 1898 年的《安平縣雜記》記載，當時流行的劇種之一有所
> 謂的「採茶唱」，此時臺灣剛割與日本，而劇種的形成必經一段時日
> 的醞釀發展，所以，前清時應即有採茶唱的演出。而採茶戲從落地
> 掃過渡到搭棚演唱，至遲在 1898 年亦已出現。〔註17〕

> 1898 年 7 月 10 日的《臺灣日日新報》曾報導：「近臺中有採茶戲前
> 來臺北，一昨夜在稻津教堂後搭杆開演，惹的遠近人民先來觀者絡
> 繹不絕。」〔註18〕

如徐亞湘所提，戲劇的形成到興盛必定要經過一段時間的醞釀與發展，因此
《臺灣日日新報》所刊登的文章中也明確指出，當時採茶戲就已經吸引了大
部份的觀眾前去觀看，進而推測出在 1898 年以前，採茶戲早已經過一段時間
的醞釀與發展。

值得注意的是，在當時採茶戲已從民間「落地掃」的形式過渡到搭棚演
出的樣貌，且能確定當時是以歌舞小戲（相褒戲、棚頭）為主要表演型態。

至於上文文獻中有一條線索值得注意：「近臺中」有採茶戲前來臺北，文
中的採茶戲是否是歌仔戲？當時臺中是否有客家班？而採茶戲是否只活絡在
桃竹苗一帶？則不得而知，無法言斷。

在莫光華的《臺灣各類型地方戲曲》中亦提及呂訴上在《民俗叢書》說
明採茶戲的起始：

> 採茶戲散布在新竹、中壢、桃園、苗栗一帶，傳說在一百年前，由
> 廣東客家人帶到臺灣來的一種歌謠。〔註19〕

清光緒二十四年，林百川、林學源《樹杞林志》〈文徵・詩〉收有無名氏的〈採
茶戲竹枝詞〉，即是清代臺灣文人所留下極少數關於清代採茶戲活動內容的記
載之一：

> 俗人演唱採茶歌，惡者幾希好者多。羞煞百般癡醜態，淫風此款奈

〔註16〕林鶴宜《臺灣戲劇史（增修版）》（臺北市：臺大出版中心出版：臺大發行，
　　　　2015 年），頁 35。
〔註17〕徐亞湘《日治時期中國戲班在臺灣》（臺北市：南天書局，2000 年）頁 36。
〔註18〕〈演採茶戲〉，《臺灣日日新報》，明治三十一年（1898）7 月 10 日，第 56 號。
〔註19〕莫光華《臺灣各類型地方戲曲》（臺北市：南天書局有限公司，1999 年 5 月
　　　　初版一刷），頁 83。

如何！若有聖人放鄭聲，樂非正樂毋容賡。一身不為風邪惑，疾疫
災祲何處生！〔註20〕

我們能從〈採茶戲竹枝詞〉文中得知，於清代時期採茶戲就已受到抨擊，被
定義為淫戲，然而相同的例子不勝枚舉。

　　由上頭諸多文獻之紀錄，能清楚確定採茶戲傳入臺灣的時間至少在清光
緒年間就有所記載。然而，是否由何阿文傳入臺灣？在現有的文獻與老藝人
口中都已不能確切的得知真實性，但起碼提供了一個傳入的可能性。

　　客家三腳採茶戲在早期過渡到臺灣時，初發展前期的面貌因文獻不足，
難以斷定其實際狀況，諸多較早對臺灣採茶戲有所記載的文獻有《安平縣雜
記》及連橫的《臺灣通史》：

> 酬神唱魁儡班，喜慶、普渡唱官音班、四平班、福路班、七子班、
> 掌中班、老戲、影戲、車鼓戲、採茶唱、藝妲唱等戲。〔註21〕

> 演劇為文學之一，善者可以感發人之善心，惡者可以懲創人之逸志，
> 其效與詩相若；而臺灣之劇尚未足語此。臺灣之劇：一曰亂彈，……
> 二曰四平，……三曰七子班，……又有魁儡班、掌中班，……又有
> 採茶戲者，出自臺北，一男一女，互相唱酬，淫靡之風，侔於鄭魏，
> 有司禁之。〔註22〕

由此二者之紀錄，了解早期採茶戲男、女唱酬的演出形式；其稱作「採茶唱」、
「採茶戲」者，但傳來臺灣時，是先以說唱為主？還是已經有戲劇演出？根
據黃心穎指出：

> 三腳採茶戲的臺詞，腳步的固定，也許是由大陸傳來、也許是自
> 臺灣發展而成，今所知者，僅有故事應源自大陸一事而已；若以
> 其臺詞、腳步之固定，斷言其皆來自大陸，似乎證據不夠充分，
> 因為最早傳來的三腳採茶戲，似乎沒什麼身段、腳步可言（有可
> 能是非藝人傳來，故身段不熟）；且大陸經文革之後，其山歌、小

〔註20〕林百川、林學源著，臺灣銀行經濟研究是編輯：《樹杞林志》，〈文徵・詩〉，
〈採茶戲竹枝詞〉，收錄於《臺灣文獻叢刊》第 63 種（南投：臺灣省文獻委
員會，1993 年），頁 115。

〔註21〕見《安平縣雜記》，頁 15，臺灣文獻叢刊第 13 冊、52 種，臺灣省文獻委員
會。

〔註22〕連雅堂《臺灣通史》卷二三，頁 613，臺灣文獻叢刊第五二冊、128 種，臺灣
省文獻委員會。

調和臺灣的大相逕庭，在比較上有所困難，筆者在資料不足、學
養不夠的情況下，無法直接認定三腳採茶初至臺灣的狀況，對此，
只有闕疑。〔註23〕

在文獻中發現許多與採茶戲相類似的劇種，由這點更能看出客家採茶戲在
成為大戲之初，吸收了當時流行的劇種元素，讓自身更茁壯而發展出現今
的樣貌。如清代以來，臺灣流行的小戲以車鼓戲最為代表性，根據黃玲玉的
研究，臺灣車鼓戲所唱音樂，分南管和民歌兩大系統，其中民歌又分閩南和
客家兩大部分，〔註24〕常演的劇目包括《桃花過渡》、《十八摸》、《五更鼓》、
《番婆弄》、《病囝歌》等。在傳統客家三腳採茶戲「十大齣」裡，亦有一齣
名為《桃花過渡》的歌謠小戲，它與採茶戲本身的主題——客家子弟張三郎
離鄉背井賣茶討生活，其故事沒有很緊密的劇情關聯，反而是與其他的臺
閩劇種有更密切的相似程度與關聯性。張明傑特別對客家採茶戲「桃花過
渡」在各種表演劇種形式裡的多樣面貌，對比梨園戲《桃花搭渡》與車鼓戲
《桃花過渡》三者有何異同性〔註25〕，對於客家採茶戲「桃花過渡」的改
編策略與故事演變源流探討，提供了將潮劇、梨園戲、車鼓戲、歌仔戲、與
客家三腳採茶戲的相互關連，一貫討論出一個新的連結。古旻陞於書中指
出，客家小戲的部分曲調與車鼓戲的曲調名稱相同，認為車鼓戲對採茶小
戲有影響：

> 而車鼓戲深深影響著客家採茶戲，如其原始劇本番婆弄、五更鼓、
> 點燈紅、病子歌、十八摸等戲齣不僅演出形式影響客家採茶戲，其
> 曲調、歌詞內容等，後來也被放入客家民謠和小調中。〔註26〕

古旻陞斷定採茶戲的劇本、演出形式、曲調、歌詞內容等都是受車鼓戲之影響，
黃心穎則認為並非全面性，或許只有《桃花過渡》一齣受到其影響。黃認為：

> 〈病子歌〉、〈十八摸〉等只是名稱相同，曲調是否相同，還得去查
> 證。至少，客家的〈十八摸〉歌詞，和車鼓戲中的有一段差距；而

〔註23〕黃心穎《臺灣的客家戲》（臺北市：臺灣書店，1998年11月初版），頁27。
〔註24〕黃玲玉《臺灣傳統音樂》（臺北：國立臺灣藝術教育館，2001年）頁36～67。
〔註25〕張明傑《從客家採茶戲「桃花過渡」出發，探討桃花過渡戲在各種表演劇種
　　　形式裡的多樣面貌》（客家委員會輔助大學校院發展客家學術成果報告「文化
　　　產業、戲劇與傳播多元建構的客家」學校：國立交通大學，2009年）。
〔註26〕古旻陞《臺灣的聲音——臺灣有聲資料庫》〈「客家戲劇」觀念溝通篇〉（水晶
　　　有聲出版社，1995年第2卷第2期），頁47。

且，車鼓戲音樂包括有南管、客家民歌、閩南民歌等系統，究竟是
誰影響到誰，也還要慎重考察其來源才是。〔註27〕

值得注意在《臺灣日日新報》中有一則說明車鼓戲的性質與採茶戲兩者之間
都是歌舞小戲，大同小異，如下：

　　〈葫蘆瑣聞・迷人至此〉

　　戲有稱為車鼓者，<u>亦採茶之類</u>。但採茶唱粵調，車鼓唱閩歌，大同

　　之中有小異耳。〔註28〕（底線為筆者所加）

上文文獻說明車鼓戲和採茶戲都屬歌舞小戲之類的表演，車鼓戲也唱客家民
歌，所以說是「亦採茶之類」。特別的是，車鼓戲在角色體制的編排上是以丑、
旦，且歌且舞、互答互唱的形式為主要表演內容，與客家三腳採茶戲中的「一
丑兩旦」有異曲同工之妙處。而在曲調中，誰受誰影響則不可得知，但能從
以上的各個文獻中明確看出採茶戲與車鼓戲有一脈相承的關係存在。

二、日治時期採茶戲的狀況

　　研究日治時期臺灣戲曲樣貌，諸多學者的第一手資料無非從當時對於戲
曲活動記載最多的新聞報刊著手，如《臺灣日日新報》及《臺南新報》。當時
《臺灣日日新報》與《臺南新報》的漢文版都有戲曲專欄，介紹臺灣的戲曲
近態與演出資訊，反映出那時的戲曲演出生態。

　　經 1980 年代後期的民主化、本土化浪潮席捲，日治時期臺灣戲曲史越來
越受到戲曲學界的關注。1992 年邱坤良首先在《舊劇與新劇—日治時期臺灣
戲劇之研究》一書中回顧日治時期的戲劇研究，邱坤良介紹了許多重要的論
著，包括書籍與期刊文章，並簡要敘述內容，肯定與讚許這些日本作者的貢
獻，同時也指出這些人帶有的偏見。邱坤良特別地指出兩部著作可視為臺灣
戲劇史，一是竹內治〈臺灣演劇誌〉，收入濱田秀三郎所編，出版於 1943 年
（昭和十八年）的《臺灣演劇的現狀》，一是東方孝義所撰〈臺灣習俗—臺灣
的演劇〉。2007 年，邱坤良發表〈臺灣戲劇史的論述與書寫—兼評呂訴上《臺
灣電影戲劇史》〉再度提出竹內治〈臺灣演劇誌〉為臺灣有史以來第一部臺灣
戲劇史。

　　日治時期的戲劇研究成果曾長期被刻意忽視、排斥，缺乏機會被審視、

〔註27〕黃心穎《臺灣的客家戲》（臺北市：臺灣書店，1998 年 11 月初版），頁 70。
〔註28〕《臺灣日日新報》，第 6 版，1900 年 5 月 6 日。

批評與辯論。然而日治時期奠定了臺灣戲曲的研究基石，可以說是整個臺灣戲劇發展史中的一個「開端時期」，而這也是臺灣戲劇現代化的重要一環。

　　採茶戲在日治時代初期十分流行，所到之處總是造成轟動。據老一輩藝人的說法，當時有所謂的「採茶戲班」，如名丑卓清雲便以演出採茶戲為主，採茶戲一入庄內，全村男男女女都去觀看，盛況空前，因此有所謂「採茶入庄，田地放荒」之言。〔註29〕

　　在1898年7月10日的《臺灣日日新報》曾報導：「近臺中有採茶戲前來臺北，一昨夜在稻津教堂後搭棚開演，惹得遠近人民爭先來觀者絡繹不絕。〔註30〕」不過這種盛況並不見容於當時的「有識之士」，他們認為這種採茶戲「戲齣多狎褻，最易誨淫」、「阿旦工於邪說」。「看燈看戲看迎神，每有存心看婦人」當時的順口溜，認為其可能對當時的社會風俗有所影響，而有禁採茶戲之議。〔註31〕1910年《臺灣日日新報》〈鶯啼燕語〉又一則：「粵籍有採茶之戲，最為淫穢。然愚夫婦以其醒心娛目，多喜觀之〔註32〕。」連橫《臺灣通史·卷二三》也提及：

　　　　夫臺灣演劇。多以賽神。坊里之間。醵資合奏。村橋野店。日夜喧
　　　　闐，男女聚觀，履寫交錯，頗有驩虞之象，又有採茶戲者。<u>出自臺
　　　　北</u>，一男一女，互相唱酬，淫亂之風，侔於鄭衛，有司禁之。〔註33〕

又見《漢文臺灣日日新報》〈惡習二則·歌戲〉一篇文中說明歌戲的「傷風敗俗」甚至更勝於採茶戲：

　　　　其淫猥之辭，醜穢之態，不惟居恆發于言動之際。猶且于有朋姊妹
　　　　行中，藉作酒餘茶興之際，又奚堪一問哉。歌戲之傷風也，實有甚
　　　　於採茶戲。有心人者，宜早圖改革之也。〔註34〕

在1920年代前採茶戲尚屬小戲階段，表演內容多以涉及露骨的色情戲謔，故當時報刊都以負面筆調評論加以報導，呼籲禁演。於明治三十一年（1898），

〔註29〕黃心穎《臺灣的客家戲》（臺北市：臺灣書店，1998年11月初版），頁32。

〔註30〕〈演採茶戲〉，《臺灣日日新報》，明治三十一年（1898）7月10日，第56號。

〔註31〕徐亞湘《日治時期中國戲班在臺灣》（臺北市：南天書局，2000年）頁36。

〔註32〕〈鶯啼燕語〉，《漢文臺灣日日新報》，明治四十三年（1910）4月1日，第3576號。

〔註33〕連雅堂《臺灣通史》卷二三，頁613，臺灣文獻叢刊第五二冊、128種，臺灣省文獻委員會。

〔註34〕〈惡習二則·歌戲〉，《漢文臺灣日日新報》，明治三十八年（1905）8月18日，第2189號。

《臺灣日日新報》刊登一則〈禁採茶戲〉。對於採茶戲的表演體制、流行地區，提供了明確的記載：

> 今有一班無賴子係出粵人，扮成一丑一旦模樣，在棚歌舞，名曰打採茶。以其歌舞後，旦自執杯奉茶下棚，清客有一二知趣者，近前接飲。或贈之銀圓或錫之物品，即以銀物編出一歌，無非奉承酬答之詞。一則曰情郎哥，再則曰情郎哥，直俟聞者意亂神迷，手舞足蹈，若視為親我愛我，恨不得傾囊以付。愚孰甚焉，查此陋習，惟中壢及一派客人庄最為盛行，近因流入臺北，偶從枋橋經過，亦欲逞其藝術，裝得七嬌八媚，異樣生新，擬在慈惠宮搭棚演唱，先時來觀者，男婦殆數百人，後被街長聞知恐其敗俗傷風。出為阻擋，遂乃中止，眾皆一哄而散云。〔註35〕

又有：（《臺灣電影戲劇史》在〈採茶戲〉一條當中也說：）

> 採茶戲現在是散布在臺灣的新竹、中壢、桃園、平鎮一帶，據傳說距今有百年前，由廣東客人帶到臺灣來的一種歌謠戲。是以山歌（民謠）做基礎加上簡單的動作表演，所以具有粵調風格。最初由挽茶相褻歌唱起始，是以唱情歌，說情話為主，臺詞盡是一長串笑語。演唱的，大都是四句聯語式的，所以唱這種歌的小丑或潑婦之流，必須長於口才，能對答如流，且要善知情味，能側面道出愛情的「奧妙」。唱詞並不呆板，盡可以臨機應變。譬如逢到她們在表演「乞求」場面時，觀眾在捧場，送給他們的東西，假定是手帕，她們就得臨時隨口唱出有關手帕的情歌，以娛觀眾。另有一種是在舞臺上，她（演員）用約一丈左右長的繩搏著一個竹籠，內置一杯茶，面對觀客某富翁投下，由接受茶籠的觀客隨意擲入茶籠中的禮品；如手巾、水果、金錢、裝飾品等等；扭回茶籠後，拿該物品為題材，隨唱著符合該物品的情歌，觀眾以其所唱的即興歌詞的巧妙而感歡娛。〔註36〕

上述兩段引文回溯了桃竹苗一帶客家庄盛行採茶戲表演，此種表演也已逐漸流入臺北，由於表演內容以情歌情話的形式，因此被批傷風敗俗，屢屢被禁。

〔註35〕〈禁採茶戲〉，《臺灣日日新報》，第五版第 63 號，1898 年 7 月 19 日。

〔註36〕呂訴上《臺灣電影戲劇史》（臺北：銀華出版社，1961 年 9 月初版，1991 年 9 月再版），頁 173。

值得注意文中所提「即以銀物編出一歌，無非奉承酬答之詞」及「假定是手帕，她們就得臨時隨口唱出有關手帕的情歌，以娛觀眾。」以跟觀眾互動的方式即興演唱，令人好奇當時表演內容是否有本為依據、有一套固定套語？或以幕表戲的方式進行即興搬演？不得而知。然上文中提到的「打採茶」實為客家三腳採茶戲中的《扛茶》齣，演出方式以「一旦一丑」編制，演員請觀眾喝茶，由觀眾出題，旦行以「即興賦歌演唱」的方式娛樂觀眾，再由觀眾打賞。這類小型的採茶戲演出編制，在日治時期相當受歡迎，也因以男女酬唱的演出方式吸引許多觀眾，而常常被有關單位禁演。

日治初期「傷風者不外乎是，敗俗者又何過此」的採茶戲，在形成初期與車鼓戲一樣同被列為「淫戲」而遭到議禁的命運。〔註37〕《臺灣日日新報》即出現多則議禁「傷風敗俗」的採茶戲、車鼓戲之報導〔註38〕。客家三腳採茶戲因受到當時風氣以及外在環境影響，起了一股「改良」風潮，這股風潮讓臺灣戲劇掀起巨大變化。改良採茶戲的形成，自始即憑藉外江、四平、亂彈等外來劇種之助，其劇目的累積及表現（演出特徵）也與外來劇種的交流息息相關。

三、「客家改良戲」的出現

客家採茶戲在脫離「一丑二旦」的三腳表演形式之後，所有客家地區所衍生出的各種戲劇，都稱「改良戲」。由於三腳採茶戲已不能滿足觀眾娛樂需求與廟會表演需要，採茶戲藝人紛紛學習吸收客家山歌及外來劇種之音樂、劇目、表演方式等各方面的技巧。

客家大戲不但經歷「改良」過程，甚至以「改良戲」稱呼此新劇種，一直沿用到現在。而「改良」一詞在民間戲劇界上有多元意義，也造就了日後客家大戲的豐富面向〔註39〕。邱坤良在「改良」一詞上提出了三大定義：

1. 改良戲為日治時期在臺灣出現的新型戲劇
2. 改良戲的起源為日本新派劇及中國文明戲

〔註37〕〈關帝廟信・淫戲宜禁〉，《漢文臺灣日日新報》，明治四十一年（1908）5月20日，第3014號。「戲有大班、掌中班、車鼓歌、白字戲數種，就中最易啓人淫亂，紊人綱紀，則惟車鼓歌為最。改例後此戲故屬禁例之中，不見者殆將數年矣。」

〔註38〕《日治時期臺灣報刊戲曲資料彙編》（一）（宜蘭：國立傳統藝術中心）。

〔註39〕鄭榮興《臺灣客家戲之研究》（臺北市：國家，2016年05月初版）頁233。

3. 傳統戲曲沿用「改良戲」的名詞

並指出：

> 日治時期臺灣出現的新型戲劇，與傳統戲劇迥然不同，從名詞上
> 來看，它先後有改良（劇）、文化戲（劇）、新劇及皇民劇、青年
> 劇等不同名稱。改良戲起源於日本新派劇（新演劇）及中國文明
> 戲，出現在一九二〇年代初期，其演出以商業為目的，後來傳統
> 戲劇也沿用這個名詞，而有「改良白字戲」、「改良歌仔戲」之類
> 的劇團出現。〔註40〕

根據丘坤良的敘述可以發現，改良戲起源於日本新派劇（新演劇）及中國文明戲，且出現在 1920 年代初期。東方孝義在〈臺灣的演劇〉中也提到客家改良戲的形成年代約在民國七年左右〔註41〕。

根據 1925 年日籍警察上山儀作所著〈對於臺灣劇的考察〉一文中提到這一段「改良」的經過：

> 到大正七年（1918）為止，臺灣劇並沒有什麼變化。從大正七年
> 末左右開始，新竹地方的廣東人發展出一種由前述的歌劇演變而
> 來、又名改良劇的戲劇。雖然此改良劇的時日尚短，僅能夠以文
> 劇來演出，而未達到武劇的程度，還很幼稚。但以往正劇的一種
> 缺點，亦即觀劇者所無法了解的戲劇專用語被廢除了，他主要使
> 用臺灣語，以用語言來彌補正劇中的缺點。現在於觀劇者之間受
> 到非常的好評。然而因為其共同演出者是廣東人，在廣東部落演
> 出時其用語自是運用自如，但在福建部落演出時，雖然很遺憾地，
> 由於是廣東人使用的福建語的關係因此並不很充份，但對此無法
> 予以抱怨。〔註42〕

上山儀作的報導中提到「從大正七年末左右開始，新竹地方的廣東人發展出一種由前述歌劇演變而來、又名改良劇的戲劇」，所指的「新竹地方」應該為日治時期劃歸為新竹州的桃、竹、苗一帶的客籍聚落；所發展出的新劇種被稱為「改良戲」，是由上述「歌劇」發展而來，應指「三腳採茶戲」此種小型

〔註40〕邱坤良《新劇與舊劇：日治時期臺灣戲劇之研究（一八九五～一九四五）》（臺北：自立晚報，1992 年），頁 301。

〔註41〕東方孝義〈臺灣的演劇〉，《臺灣時報》，昭和十一年（1936）12 月號。

〔註42〕上山儀作〈臺灣劇に對する考察〉《臺灣警察協會雜誌》93（1925 年 3 月）頁 86～101。（陳昭如翻譯）。

歌謠戲。由於當時的戲班生存不易，導致在維持生存與應合觀眾的考量下，不得不選擇改變原來三腳採茶戲的表演形態，於是從原本的「三腳採茶戲」轉變為傾向「客家改良戲」的表演模式。

　　1924 年於《臺灣日日新報》又見採茶戲盛行的報導，但演出形式有所改變，不再是小戲階段，改為小戲與改良戲參半進行演出。〈採茶戲之盛行〉描述如下：

> 新竹郡關東橋及竹東郡北埔庄，二處所組織之採茶戲，自一禮拜前以來，連日在新竹街各廟宇開演，其狀態似在來及今改良參半。裝極妖媚，邪聲滿口，每演之夜，觀眾男女不下五六千人，挨擠不開。甚至由團體賞與純金製金牌，最多十七面，至少亦十面以上，及金票二三十圓或十餘圓。以至臺下人叢中，紛紛亂行擲上金票數枚或銀角數個，皆以爭先為快。每夜如斯，男女如是，人氣為之吸收，風俗為之敗壞，誠非地方福利。<u>到處藉改良戲為名，瞞騙當局</u>，近日風聲吹入警官之耳，官廳正大為注意中也。〔註43〕（底線為筆者所加）

當時採茶戲迅速獲致商業劇場成功及隨招致知識份子抨擊、議禁的同時，普遍因「身份危機」而產生了矛盾與不安感，甚至被冠上「淫戲」，標籤化、污名化，各地官警因「輿論」壓力也時常取締、禁演。見上文中底線：「到處藉改良戲為名，瞞騙當局」，戲班為了生存，採取改變劇種名目搬演，迴避正面衝擊的模式，於是改換門面，以「改良戲」、「白字戲」、「男女班」來取代已被標籤化、污名化的歌戲及採茶戲等劇種名目。雖更改了劇種名目，但內容並未做太大的更動，產生了「掛羊頭賣狗肉」的情形。對於更改劇種名目進行演出，徐亞湘也指出：

> 採茶戲與歌仔戲不露鋒芒地吸收來臺演出的中國戲班在商業劇場中獲致成功的長處及臺灣其他劇種的特點，而慢慢地過渡到大戲階段，為了躲避可能的道德非議，採茶戲和歌仔戲逐變換名目以「白字戲」、「改良戲」、「男女班」等包裝行藝，漸漸的從鄉村進入城市，在各地的大小戲園演出了。〔註44〕

〔註43〕〈採茶戲之盛行〉《臺灣日日新報》，第六版第 8616 號，1924 年 5 月 12 日。
〔註44〕徐亞湘《日治時期中國戲班在臺灣》（臺北市：南天書局，2000 年）頁 37。

又根據《臺灣日日新報》指出〔註45〕：

> 我們自幼學習白字戲。寫的是白話文。唸的是白話詩。唱的是白話
> 曲。諸如山歌、採茶、駛犁歌。都是種種皆會的。因為世人嫌我們
> 鄙俗不堪。不肯招呼我們。所以生意冷落。日食難度。這就無可奈
> 何了。〔註46〕

昭和三年（1928），臺灣總督府文教局刊印了自昭和二年（1927）對臺灣戲劇
演出的調查結果：《臺灣における支那演劇及臺灣演劇調》其〈各州廳演劇一
覽表〉羅列了當時臺北州、新竹州、臺中州、臺南州、高雄州和花蓮港廳、澎
湖廳等五州二廳（臺東廳缺）的劇種和團體〔註47〕。林鶴宜根據此指出：

> 「廣東白字戲」的劇團只有新竹州的「永樂軒」……在當時出現臺
> 灣本地的潮劇職業戲班，可能性極高。當然，這個登記為「廣東白
> 字戲」的「永樂軒」，亦不能完全排除是客家採茶戲班。報告書中所
> 未羅列，而見於其他文獻的劇種，尚有皮影戲和小戲的採茶戲、車
> 鼓戲等〔註48〕。

　　相對於官話稱「正音」、「正字」；「白字」指方言，用方言演唱的劇種在
當地都有稱「白字戲」之例，然在清代臺灣文獻中並沒有出現白字戲的例子，
「白字戲」是日治時期才出現的稱呼。

　　根據上文文獻，我們能得知日治時期因現代化、商業化、都市化的作用，
促使採茶戲快速地獲致市場的歡迎以及成功，但遭受知識份子的大量抨擊、
議禁。基於求生存與劇團營運，以及躲避演出「淫戲」罪名、被查取締的危
險，採取了改變劇種名稱行藝來面對「衝擊」的消極之「回應」模式，促使
「改良戲」、「白字戲」、「男女班」大量出現。而更換名目的方式並未減少批
評的次數，依據《臺灣日日新報》指出：

> 1926（大正十五）年6月在臺北「永樂座」以「白字戲」為名演出
> 的歌仔戲班同聲樂，就因漸「自覺」過去演出含有「紊亂風化」之

〔註45〕 徐亞湘《日治時期臺灣戲曲史論：現代化作用下的劇種與劇場》（臺北市：南
　　　　 天，2006，初版），頁14。
〔註46〕〈是是非非〉，《臺灣日日新報》，1925.4.14，第8953號。
〔註47〕 臺灣總督府文教局《臺灣における支那演劇及臺灣演劇調》，〈各州廳演劇一
　　　　 覽表〉1927年出版。
〔註48〕 林鶴宜《臺灣戲劇史（增修版）》（臺北市：臺大出版中心出版：臺大發行，
　　　　 2015.02），頁148。

劇為各界所排斥，或受當局所禁止，而「已將其劇目刪去，日夜排
演忠孝廉節」為觀客所期待〔註49〕，不過，8月該班在基隆「新聲
館」演出時，仍被觀客非議為「有傷風化」的「淫戲」演出。〔註50〕
為了改變一般刻板的淫惡印象而權宜地便換名目，反而被指責為「掛羊頭賣
狗肉」、「換湯不換藥」的惡劣行徑。〔註51〕這也不外乎是客家戲整個歷史的
演變史，而這股「改良」名目的行徑，延續到皇民化運動的發起，無非是對臺
灣戲劇投下了大規模的震撼彈，因「禁鼓樂」的政策，多數戲班無法面臨大
規模的改動，甚至是語言上的更改而紛紛退出舞臺。

（一）皇民化的改良戲

　　日人治臺整整五十年中，分為「前期武官總督時代」（始政，1895～1919）、
「文官總督時代」（同化，1919～1936）和「後期武官總督時代」（皇民化，
1936～1945）三階段。

　　1936年3月，小林躋造轉為預備役人將，同年在海軍的積極運作下，於
9月2日出任臺灣總督。至1937年（昭和十二年）爆發七七事變（即蘆溝橋
事變）之後，臺灣總督府對臺灣執行「皇民化運動」。為配合「新體制運動」，
於昭和十六年（1941）成立「皇民奉公會」負責皇民化運動的推展，其中娛樂
委員負責戲劇、音樂、歌謠等項目，所持原則如下：

（1）鼓勵演唱日本歌曲為主，完全禁止臺語的演唱。

（2）戲劇上演條件必須符合日本化的要求，亦即演唱日文歌、穿日本和服等。

（3）得經由警察批准才可以演出。〔註52〕

　　「皇民化」運動時期強制廢止臺灣報紙的漢文欄、獎勵臺灣人改日本姓
名，就連臺灣戲曲也受到迫害，不但禁演戲曲，甚至連傳統戲服都遭到禁止。
客家人在皇民化時期的戲曲活動，在文獻上記載的三十四班中只有「勝美」
及「小美」兩個戲班〔註53〕。「臺灣演劇協會」成立後，對臺灣戲劇統治下，

〔註49〕一觀客，〈是是非非〉，《臺灣日日新報》，1926.6.14，第9379號。

〔註50〕一觀客，〈是是非非〉，《臺灣日日新報》，1926.8.15，第9441號。

〔註51〕徐亞湘《日治時期臺灣戲曲史論：現代化作用下的劇種與劇場》（臺北市：南
　　　　天，2006，初版），頁24。

〔註52〕鄭榮興、蘇秀婷、彭琦倩《臺灣客家大戲簡史》（網路引文，引自新北市客家
　　　　數位館）頁6。

〔註53〕呂訴上《臺灣電影戲劇史》（臺北：銀華出版社，1961年9月初版，1991年
　　　　9月再版），頁324。

應是由京劇與採茶戲脫胎的臺灣新劇或歌劇團〔註54〕。

　　少數歌仔戲與客家戲劇團不願退出舞臺，為了求生存便重操舊有的手法，將原劇團名改頭換面，以「皇民化劇」、「臺灣新劇（現代戲劇）」、「改良劇」為名目，穿上現代時裝，改文、武場為留聲機，對白和演法一如往常，南部稱之「改良戲」。也有的穿上日本和服演出「時代劇」（日本古裝歷史劇）或宣傳日本帝國精神的「皇民劇」，但評價大多欠佳：

> 雖然掛者「臺灣新劇」、「臺灣歌劇」、「皇民化劇」等，但這是瞞官騙吏的字樣，致其內容則甚低俗猥褻，劇本仍和「歌仔戲」一樣，只是把朝廷改為公司，皇帝改為董事長，首相改總經理，文武百官改為職員，穿上現代時裝而已，而動作臺詞等也毫無改進，腔調一如歌仔戲，又加添伴奏，因不能使用文武場面的鑼鼓，配上留聲機代替而已。嚴格得批判起來，只可說是歌仔戲，在南部方面叫它「改良戲」，北部方面則嘲譏為「蝌蚪劇」，這即未完成的劇團之意，含侮蔑的意思。〔註55〕

根據呂訴上的記載，可以看出當時皇民化運動「禁鼓樂」政策的實施下，劇團亦是以「掛羊頭賣狗肉」、「換湯不換藥」的模式搬演，雖然表演內容沒有太大的更動，但是在服裝和伴奏上已不同於以往。于善祿在期刊論文中也做此說明：

> 在臺灣日治時期的皇民化運動下，傳統戲曲都必須「改良」才能演出，因而產生一種戲曲與新劇結合的戲劇形式，雖然演出傳統戲劇，但演員必須穿著和服、手執武士刀、改唱流行歌，並以爵士鼓與小喇叭等西洋樂器伴奏。〔註56〕

〔註54〕蘇秀婷書中有詳細說明：「這兩班是否由歌仔戲蛻變而來的，是很值得懷疑的。「勝美」劇團是由民國初年客家地區以唱廣東戲著名的「廣東宜人園」解散後，班中股東葉國道集資組成，演出新劇，故「勝美」劇團始於皇民化時期，一開始便是以新劇的面貌出現，怎麼可能由歌仔戲蛻變而來？即或追究其本，也應該是以京劇為其基礎……另外，「小美」劇團苗栗著名的採茶戲班「小美園」所蛻變而來的，……因此，呂訴上將這兩個戲班歸入歌仔戲班是有待商榷的。」蘇秀婷《臺灣客家改良戲之研究》（臺北市：文津，初版：2005年8月一刷），頁29～30。

〔註55〕呂訴上《臺灣電影戲劇史》（臺北：銀華出版社，1961年9月初版，1991年9月再版），頁323。

〔註56〕于善祿〈從金枝演社的「胡撇仔戲」混搭美學看臺灣文化認同〉，《文化藝術研究》，2009年第2卷2（5期）。

在演出非傳統歷史故事的新編戲齣時，就加入幾首流行歌曲，配上
西樂和霓虹燈光，增添娛樂效果，劇情多走「愛情武俠倫理悲喜劇」
的通俗路線。直到今天，臺灣外臺歌仔戲的夜戲依舊經常上演胡撇
仔戲，劇目除了承襲傳統，也會根據電影或電視劇進行改編，音樂
多元，服裝傾向華麗鮮豔，演員也會穿著洋裝及和服上場，表演方
式較寫實與生活化。〔註57〕

　　二戰後，大量的「時代劇」電影輸入臺灣，大受歡迎。日治時期曾出現
的和服造型經重新整裝出籠，大為流行起來，也在表演中加入流行歌，以投
合觀眾的喜好。這種打鬥持武士刀穿插流行歌的變體戲，便稱為「胡撇仔戲」
〔註58〕。演員穿日本和服、手拿武士刀，這便是在皇民化運動下造就「胡撇
仔戲」大興的主要背景。然而客家戲劇團在皇民化運動的政策下也有與歌仔
戲相同的遭遇：「皇民化運動時期，客家大戲的藝人和歌仔戲演員一樣，都被
迫歇業或改演新劇。〔註59〕」

　　也因客家戲與歌仔戲受到皇民化運動的影響，在政治的鞭笞下造就演出
形式上的改變而被迫隨之演著，後來也就成為演出模式的常態了：

　　　　戰後的歌仔戲內臺戲院演出，漸漸形成吸收自其他大戲劇種劇目
　　　　的「古路戲」，和新編走奇情路線的「胡撇仔戲」，各據一方，各
　　　　擅勝場的情形。並以下午演「古路戲」；晚上演「胡撇仔戲」為常
　　　　態。〔註60〕

　　　　客家改良戲在戲園中的演出，分為午戲與夜戲，午戲三小時，夜戲
　　　　四小時，下午的上演時間是從二點到五點，夜間則是八點到十二點。
　　　　這兩個時段有非常明顯的區隔，在戲劇性質上，午戲較為嚴肅，多
　　　　半有歷史典故，夜戲則較輕鬆活潑，多述說家庭人情……在「傳統
　　　　／新潮」的區隔下，改良戲的演出呈現「日演古路，夜演採茶」的

〔註57〕于善祿〈從金枝演社的「胡撇仔戲」混搭美學看臺灣文化認同〉，《文化藝術
　　　　研究》，2009 年第 2 卷 2（5 期）。
〔註58〕林鶴宜《臺灣戲劇史（增修版）》（臺北市：臺大出版中心出版：臺大發行，
　　　　2015 年 2 月），頁 215。
〔註59〕林鶴宜《臺灣戲劇史（增修版）》（臺北市：臺大出版中心出版：臺大發行，
　　　　2015 年 2 月），頁 182。
〔註60〕林鶴宜〈臺北地區野臺歌仔戲之劇團經營與演出活動〉，《從田野出發：歷史
　　　　視角下的臺灣戲曲》，臺北：稻鄉，2007 年，頁 101～158。

特色，後來也產生了「日演古路，夜演オペラ戲（胡撇仔戲）」，或者「日演採茶，夜演話劇」。……這些形式同時並存或有前後順序，各個戲班有不同的發展與受影響程度。〔註61〕

以上可以看出客家戲從最初的採茶戲階段，慢慢吸收其他劇種而逐漸壯大其身。這些在日治時期受到官方抨擊的採茶戲，為了躲避追查，只在名目上做了改變（稱之改良戲），但在演出實質上都還未達到真正改良。

（二）「客家改良戲」真正標的

戰後的內臺戲班仍具有鮮明的外來劇種屬性，有外江系、四平系、採茶系之區分。在改良採茶戲之前，客家聚落流佈的大戲劇種為亂彈戲、四平戲，因此採茶戲深受此二種大戲劇種的影響而形成大戲。演出風貌除了以採茶唱腔為主之外，還存在著客語口白的京戲，或客語口白的四平戲，均為改良採茶戲班的演出型態。來自外來劇種的劇目，仍相當程度維持該劇種的演出規範。

在白字戲化的風氣影響及催促之下，隨後「臺灣白字戲」劇種如九甲戲、歌仔戲、客家改良戲亦相繼出現，開始把臺灣的戲曲發展帶入另一全新的局面。

「客家改良戲」的改良源頭，可以追溯到民初在日本新派劇影響下的「改良戲」，但真正開始改良，則是經由中國文明戲及改良京劇在臺灣對地方戲曲產生的衝擊，紛紛以京劇為改良標的〔註62〕。

根據徐亞湘在《日治時期中國戲班在臺灣》一書指出：

1895 至 1937 年中日戰爭爆發為止，四十二年間計有來自上海、福建、廣東三地，分屬不同 12 個劇種、超過 60 個中國戲班來臺演出……至於來自廣東的戲班則只有外江戲及潮州戲兩個劇種。〔註63〕

又有《日治時期臺灣戲曲史論》：

迨至大正中後期，隨著城市劇場的陸續興建（如「艋舺戲園」、臺北「永樂座」、臺中「樂舞臺」等）、中國戲班的頻繁渡臺商業巡演、

〔註61〕蘇秀婷《臺灣客家改良戲之研究》（臺北市：文津，初版：2005 年 8 月一刷），頁 150～151。

〔註62〕蘇秀婷《臺灣客家改良戲之研究》（臺北市：文津，初版：2005 年 8 月一刷），頁 40。

〔註63〕徐亞湘《日治時期中國戲班在臺灣》（臺北市：南天書局，2000 年）頁 25。

九甲戲、客家改良戲班繼七子戲班、本地京班之後，進入劇場演出的本地內臺戲班隊伍逐漸擴大，一直到新興的歌仔戲在短時間內迅速地成為臺灣商業劇場主流。〔註64〕

當時臺灣各地城鎮幾乎都建有戲院可供戲班演出。值得一提的是，這些戲院多建於1937（昭和十二）年中日事變之前，當時舊劇尚未因「禁鼓樂」而遭禁，所以除了客家庄喜觀客家改良戲之外，大多數的戲院皆是演出歌仔戲的，由此想見，當時有多少的職業歌仔戲班於全臺戲院間巡演。〔註65〕

日治時期大量的京班來臺演出，對臺灣戲劇可說是重大影響，後來有部分演員留在臺灣發展，並待在客家戲、歌仔戲班，成為班內的武行、花臉或教戲先生，刺激了本地京班的出現，呂訴上在《臺灣電影戲劇史》中的〈光復後的臺灣平劇〉對於本地人組織的京班有明確記載：

民國卅四年八月臺灣光復，此期為重整時間平劇尚未抬頭，直到翼年一月四日就有平劇的表演，當日在臺北市公會堂（即現中山堂），有<u>客家人組織的宜人園京班</u>演出封神榜、三國誌、狸貓換太子等劇目，計演一星期，後又於同月十六日遷移永樂座公演。該團技術實情未到達水準，但實熱誠可嘉。〔註66〕（底線為筆者所加）

直到卅五年七月十七日，才有自光復前由大陸來臺的<u>客家人葉國道組織平劇團</u>「宜人京班」，在北市中山堂開演。該團此時計演十二天，劇目為：狸貓換太子、三國志演義、哪吒鬧東海及全本劉備招親……本省在地此年又再產生一班平劇團，就是<u>陳就承組織的客人班</u>名為「勝宜園京班」劇團。〔註67〕（底線為筆者所加）

根據呂訴上的文獻指出當地的京班是由客家人葉國道所組織而成，當時客家班藝人受京班影響深遠。對於客家人葉國道，蘇秀婷在書中也有說明在

〔註64〕徐亞湘《日治時期臺灣戲曲史論：現代化作用下的劇種與劇場》（臺北市：南天，2006，初版），頁9～10。

〔註65〕徐亞湘《日治時期臺灣戲曲史論：現代化作用下的劇種與劇場》（臺北市：南天，2006，初版），頁49。

〔註66〕呂訴上《臺灣電影戲劇史》（臺北：銀華出版社，1961年9月初版，1991年9月再版），頁212。

〔註67〕呂訴上《臺灣電影戲劇史》（臺北：銀華出版社，1961年9月初版，1991年9月再版），頁213。

戰後其組織的劇團更改名目，改演改良採茶戲：「其中，由採茶戲更改為新劇團的有「勝美」、「小美」、「日出」三團。其中，「勝美」乃楊梅人葉國道所成立，戰後更名「勝美園」歌劇團，演改良採茶戲〔註68〕。」

再者是陳就承所組織的客人京班，班裡團員皆是客家人，雖團名稱為「勝宜園京班」，在無文獻能確定的情況下不知是否也演出改良採茶戲？

根據客家戲資深藝人黃秀滿的說法表示：「當時客家班的武戲最出彩，所以每當歌仔戲班要演三國演義或是武戲就得調客家班藝人來搭班演出。〔註69〕」徐亞湘在書中也指出：

> 另外，這三個戲班為增加號召力、競爭力及滿足觀眾不同的戲劇需求，皆採歌仔戲、京戲（外江）「二下鍋」的演出方式，即歌仔戲演出的前或後，演出一段約五十分鐘的京戲〔註70〕。（三個戲班所指：德勝社、新舞社、丹桂社）

當時京班大量來臺的商業化演出之影響力，使得各劇團相繼吸收其演出模式，而在上文中所指的「二下鍋」演出方式，在現今客家外臺戲還能見到其樣貌。在《臺灣客家大戲簡史》中也提及：

> 但文戲的演出在戲園中的內臺戲，顯然不像海派京劇的武打那麼絢目，為了能夠吸引更多觀眾的目光，改良戲便採取「加演」京戲的方式，來彌補文戲的不足。通常在戲齣剛開始四十分鐘，便來一段京戲片斷，以熱鬧的武打登場，一方面有熱場的功能，另一方面則吸引住群眾的注意力，然後才進入正戲。內臺演出時，「加演」與正戲的內容通常沒有太大的關聯，加演段子的演員通常是京班的藝人，與演出正戲的戲班沒有直接隸屬關係。〔註71〕

採茶戲在改良過程中深受京班的武戲表演模式影響，演出前先來一段武打戲，戲班稱之為「攻關頭」，有其套路模式，主要是以正反派兩方人馬打鬥場面，多數內容會跟後頭的戲文毫無關聯，少數會有銜接性，約演出半小時

〔註68〕蘇秀婷《臺灣客家改良戲之研究》（臺北市：文津出版社，2005，初版），頁，29～30。

〔註69〕筆者訪問黃秀滿老藝人（地點：桃園市平鎮區合作街黃秀滿老師家。時間：2017年10月26號下午4點）。

〔註70〕徐亞湘《日治時期臺灣戲曲史論：現代化作用下的劇種與劇場》（臺北市：南天，2006，初版），頁50。

〔註71〕鄭榮興、蘇秀婷、彭琦倩《臺灣客家大戲簡史》，（網路引文，引自：新北市客家數位館），頁5。

左右。但文中提到「加演段子的演員通常是京班的藝人，與演出正戲的戲班沒有直接隸屬關係。」可想而知當時京班藝人大量流入戲班的情形。

　　於 1920 年迅速發展為土生土長劇種的客家改良戲，之所以能從小戲轉變為大戲，從外在來說最主要的原因是受到海派京班來臺的商業演出，這有利可圖的刺激。海派京班重視戲劇演出的娛樂效果，到了這個階段可說已兼備文戲與武戲的演出規模形制，而能與其他劇種在戲園中相互抗衡，也促使他們在舞臺效果方面下功夫，如「特色機關」、「電光」等設備，多種「新造」、「奇巧」布景來吸引觀眾，讓觀眾有視覺上的驚艷，當時頗引起一股風潮，使得各個劇種爭相效仿，形成日治時期商業內臺演出的重要特徵。

　　徐亞湘在《日治時期中國戲班在臺灣》中，指出京班來臺對臺灣戲劇的影響：

> 這不僅改變了臺人的戲劇審美趣味，促進了臺灣戲劇發展，更對臺灣戲劇在表演、劇目、舞臺美術等個部分皆起著豐富與提升的作用。〔註72〕

在這段強大的改良風潮下，客家人的戲曲活動也有了空前的變革，由原本僅有的三腳採茶戲，發展為改良大戲，其改良的路徑是依靠相互交流及吸收其劇種優勢而產生的融通與轉化，客家改良戲便是在這股環境風潮的激盪下匯集巨大能量興起而成。

　　客家採茶戲在日治初期還維持歌舞小戲的型態，1920 年代出現「客家改良戲」，一躍成為大戲進入劇院演出。歌仔戲亦是如此，兩者主要受到當時商業劇場漸興、戲劇的商業性演出有利可圖的刺激所致，發展途徑大同小異，也因而造就「客家歌仔戲」一詞的出現。

　　為了劇團營運與生存，客家改良戲在發展之初不僅止於在客家庄活動，也曾到河洛庄演出。藝人自豪於「在客人庄說客語，在河洛庄說河洛」之交替運用語言的能力，是藝人自我經驗與試煉的變遷過程。

　　客家戲長期被誤認為歌仔戲，在臺灣形形色色的戲曲環境當中，再加上政治改革、多次改良的過程，客家戲與歌仔戲有著相同繁雜的成長背景，造就同種卻又多樣性的面貌。這是歷史背景所促成的時代產物。下一節將針對「客家歌仔戲」一詞，以記載的相關文獻釐清兩者之間的密切關係。

〔註72〕徐亞湘《日治時期中國戲班在臺灣》，（臺北市：南天書局，2000 年），頁 25。

四、「客家戲」與「歌仔戲」之淵源

日治時期，客家戲從小戲吸取各個劇種的表演形式與唱腔等等，在 1920 年轉化為大戲後，在改良過程中，其表現內容與形式上的確與歌仔戲有諸多共通點，很難將兩者清楚劃分開來，無論表演形式與體制的轉變途徑與歌仔戲同出一徹。但不論在語言、劇曲、表演形式上，兩者都有其獨特不可取代之特色。

據東方孝義於昭和十一年（1936 年），提出：

> 所謂歌仔戲，乃是以臺灣的俗謠演出的純粹歌劇，舞臺上扮成年輕艷麗的男女兩三人登場，其演出劇目是以支那的故事為演出題材。……近年將之改良，其劇目也收入南談（亂彈）與四平，也增加了舞臺與登場的人員，相當大規模……

> 所謂採茶戲，仍是由產茶地的廣東族的人來演出的戲劇，省略與上述歌仔戲（福建種族間的）的相同點，他們同樣因為猥褻的緣故而被警察取締上演。近年由於被改良的風俗而被稱逼為改良戲，除去其不良的部份，相當大規模的流行〔註73〕。

上文中提到「他們同樣因為猥褻的緣故而被警察取締上演。近年由於被改良的風俗而被稱逼為改良戲，除去其不良的部份，相當大規模的流行」，兩者有著相同的遭遇，再者，東方孝義文中提及歌仔戲「舞臺上扮成年輕艷麗的男女兩三人登場」，男女兩三人登場與客家三腳採茶戲中「一丑二旦」的三小戲有著相類似的共通之處，導致客家戲與歌仔戲之間產生了一種模糊現象。

值得注意的是，上文中東方孝義稱歌仔戲為「歌劇」；客家戲則稱之「戲劇」，為何會有這樣的歸類？筆者認為歌仔戲在都市的商業劇場以女性觀眾為主，而女性觀眾喜歡聽【哭調仔】〔註74〕；客家戲多數的觀眾都是農村子弟，以男性居多，對於歌仔的興趣是有限的，較喜歡武戲、身段戲。至此以日本

〔註73〕東方孝儀，〈臺灣の演劇〉，《臺灣時報》，昭和十一年 12 月號。（陳昭如小姐翻譯）。

〔註74〕臺灣歌仔戲的哭調非常有特色，早期的苦旦哭靈、拜墓一類的場合大多都要唱足四首以上的哭調，包括〈宜蘭哭〉、〈艋舺哭〉、〈彰化哭〉、〈臺南哭〉（又稱九字哭）等。這些哭調旋律不同，但是歌詞大同小異，有時候旦角也會依照〈英臺拜墓〉一類說唱民謠的唱詞略為改動，這時候傳統說唱民謠的歌詞也會被借用為戲劇中的程式語言。引自劉南芳《臺灣歌仔戲中的活戲套路及程式語言》，臺北市：文津出版社，初版，2016 年 4 月，頁 146。

人東方孝義的視覺觀點判斷來說,歌仔戲是以「臺灣的俗謠」演出的歌劇來稱之,大多數以唱居多,故被分類到「歌劇(Opera)」;客家戲都是武戲擅長居多,故分類為「戲劇(Drama)」。

　　臺灣地稀人口稠密,地方劇種相互交流影響,如客家戲藝人為了生存,而練就多樣性劇種的表演,也出現劇種的不定性,造就出所謂「客家歌仔戲」。針對客家歌仔戲一詞,為了能尋出其脈絡,得從兩者初期階段循序漸進的探討其成長樣貌,有學者提出關於兩者之間形成的先後順序。

(一)「採茶」早於「歌仔」一說?

　　說起兩者之淵源,有學者們特別指出採茶戲早於歌仔戲,而歌仔戲之形成是受中國民間的錦歌、採茶、車鼓等傳入臺灣所產生的劇種。歌仔的前身是採茶之說,可見「臺灣教育」第三四六、三四七號的文章「臺灣歌仔戲的實際考察及其影響地方青年男女」:

> (一)歌仔戲的結構:……(二)歌仔戲的起源:起源於何時已不可考,但就其內容觀之,可知綜合許多戲劇、歌謠形式,而由其基本曲調雜念、博歌及前身「採茶戲」來看,它來自低下階層勞動者的產物。(三)歌仔戲的構成及變遷:由雜念、博歌、長歌、採茶戲的演變,逐漸形成歌仔戲的架構,……〔註75〕(底線由筆者所加)

見上文底線處提出前身「採茶戲」及採茶戲的演變之說法,但無其他更有利文獻能斷定歌仔戲前身來自採茶戲一說。兩者皆流傳於中國民間,也都是來自低下階層勞動者的產物,無從得知兩者在中國民間時最初樣貌為何。見陳嘯高、顧曼莊在其合著的〈福建和臺灣的劇種——薌劇〉指出:

> 薌劇是從臺灣的「歌仔戲」發展出來的;歌仔戲卻是由漳州薌江一帶的「錦歌」、「採茶」和「車鼓」各種民間藝術形式流傳到臺灣,而揉合而成的一種戲曲。〔註76〕

按照陳嘯高與顧曼莊的說法,臺灣的歌仔戲是由中國民間漳州薌江一帶的「錦歌」、「採茶」和「車鼓」等影響而形成的劇種,再影響到中國民間的薌劇。劉

〔註75〕曾永義《臺灣歌仔戲的發展與變遷》,臺北,聯經出版事業公司,1988 年,頁10。

〔註76〕陳嘯高、顧曼莊〈福建和臺灣的劇種——薌劇〉,收錄於《華東戲曲劇種介紹》第三集(上海:新文藝出版社,1955 年)頁 90～101。

春曙在〈閩臺錦歌漫議——歌仔戲形成三要素〔註77〕〉文中說明：錦歌原名什錦歌，因什錦歌有雜拌之意，名稱不雅，故在 1953 年編印《閩南民間音樂資料彙刊》時，將什錦歌改為錦歌，錦歌其實就是臺灣所稱的「歌仔」。由此看來是由錦歌慢慢發展為「歌仔」，但並非晚於採茶，又或者是受採茶戲影響而形成的劇種？鄭榮興也明確說明「歌仔戲」興起與流行的時間晚於「採茶戲」，見其《臺灣客家戲之研究》指出：

> 就筆者所知「歌仔助為客家人」傳說，加上「採茶戲」、「歌仔戲」同為「歌謠戲」的性質，以及文獻所見顯示「歌仔戲」興起與流行時間晚於「採茶戲」等，證明了臺灣歌仔戲與客家採茶戲確實有淵源，難怪曾師永義曾在其《臺灣歌仔戲的發展與變遷》談及歌仔戲的起源會以「前身『採茶戲』」稱之，不是沒有道理的。〔註78〕

徐亞湘在《日治時期中國戲班在臺灣》同樣指出：

> 客家採茶戲的形成應較歌仔戲為早。據成書於 1898 年的《安平縣雜記》記載，當時流行的劇種之一有所謂的「採茶唱」，此時臺灣剛割與日本，而劇種的形成必經一段時日的醞釀和發展，所以，前清時應即有採茶唱的演出。〔註79〕

謝一如在《臺灣客家三腳採茶戲與客家採茶大戲》亦指出：

> 必須提出說明的是，這與歌仔戲之初始型態「落地掃」，是有些許不同的；由於三腳採茶戲傳入臺灣時，是以「三腳班」的型態傳入的，所以客家地區「落地掃」已有簡單的劇團組織。可以說，較之閩南地區的「落地掃」在組織上是較成熟的。〔註80〕

從上文的文獻中亦可明確得知，或許有歌仔晚於採茶一說的可能性，但沒有具體實例不能就此言斷。值得注意的是，鄭榮興、謝一如所提出「歌仔晚於採茶」的視角與陳嘯高、顧曼莊和徐亞湘的觀點有異，前者所指的是「小戲」，後者所指的應是「歌謠」，還未過渡到小戲階段。據上文所述，若客家戲早於

〔註77〕劉春署〈閩臺錦歌漫議——歌仔戲形成三要素〉，收於《民俗曲藝》72 期（1988年 3 月）。

〔註78〕鄭榮興《臺灣客家戲之研究》（臺北市：國家，2016 年 5 月初版）頁 64。

〔註79〕徐亞湘《日治時期中國戲班在臺灣》，（臺北市：南天書局，2000 年）頁 35～36。

〔註80〕謝一如、徐進堯《臺灣客家三腳採茶戲與客家採茶大戲》（新竹縣竹北市：竹縣文化局，2002 年），頁 168。

歌仔戲，為何歌仔戲會快速火紅成為當時商業劇場的新寵兒，衍生出「客家歌仔戲」一詞的出現？

（二）「客家歌仔戲」一詞的出現

歌仔戲在二十世紀初形成，主要是受到當時商業劇場漸興、商業性演出有利可圖的刺激所致；客家採茶戲在日治初期還維持歌舞小戲的型態，到了1920年代出現「客家改良戲」，一躍而為大戲，進入劇院演出，兩者發展途徑可說是大同小異，因此衍生出「客家歌仔戲」一詞。張炫文對「客家歌仔戲」一詞解釋：「客家歌仔戲，即以客家話演唱的歌仔戲，吸收歌仔戲的音樂精華，加上一些客家歌謠，對白及唱詞均用客家話。〔註81〕」

兩者因樣貌與形式太類似，也時常被拿來相互比較，曾永義也認為客家採茶戲以客家三腳採茶戲為基礎，更汲取歌仔戲的舞臺藝術而壯大，因此又把客家採茶戲叫做「客家歌仔戲」〔註82〕。在《臺灣戲劇史（增修版）》也指出客家戲發展途徑與歌仔戲如出一徹：

> 一般認為歌仔戲係由說唱曲藝「唸歌仔」吸收車鼓弄的身段，形成初具規模的草臺戲。經過短短時間的醞釀，到了1920年代就進入了戲院演出。接著又大量吸收當時流行的大戲，特別是京劇、北管戲、高甲戲、福州戲的表演藝術，大受群眾的喜愛。客家採茶戲也在此時轉化為大戲，發展途徑和歌仔戲如出一徹。〔註83〕（底線為筆者所加）

黃心穎也提出客家戲的表演形式同歌仔戲，為了討生活在劇中加入「歌仔調」來演唱：

> 至於「改良戲」，又稱「採茶大戲」或「客家大戲」，係1920年代以後，受當時盛行的北管戲、四平戲、京劇等大戲的影響，逐漸改變並擴充演出型態，由原來的小戲演變為大戲。表演形式同歌仔戲，道白使用客家話……初期的客家班不太往閩南庄發展，其成長主要受京劇影響。後來為了生活，開始往閩南庄拓展戲路，但各劇團受

〔註81〕張炫文《臺灣歌仔戲音樂》，臺北：百科文化事業股份有限公司，1982年，頁14。

〔註82〕曾永義《臺灣歌仔戲的發展與變遷》，臺北，聯經出版事業公司，1988年，頁21。

〔註83〕林鶴宜《臺灣戲劇史（增修版）》（臺北市：臺大出版中心出版：臺大發行，2015.02），頁35。

歌仔戲影響而加入歌仔調的情形，個別差異頗大。〔註84〕
客家大戲由於形成過程與歌仔戲相類似，長期被混淆，兩者是相輔相成互相
吸取養份逐漸壯大。上文中是以「表演形式同歌仔戲」稱之，而不是歌仔戲
同客家戲，文中已經下意識的把歌仔戲擺在第一順位來解讀客家戲，某種程
度上已先認定客家戲與歌仔戲相像，只是用不同的語言；受京班的影響，為
了生存只能轉往閩南庄開拓戲路，這也說明當時客家庄的演藝活動沒有閩南
庄來的興盛，以至於往閩南庄發展，入境隨俗不免加上歌仔調演唱。如「黃
秀滿歌劇團」都演過內臺，個別來源亦有所不同，也或許都能唱幾句歌仔調，
但若要演出整齣歌仔戲，則口白不順，有所困難，故「黃秀滿歌劇團」不常接
閩南庄；由此點可知，某些演員對歌仔戲根本不熟悉，說客家戲班向歌仔戲
學習而為「客家歌仔戲」，並不完全正確〔註85〕。小說家張文環在其〈閹雞〉
一文中，就曾寫道歌仔戲受採茶戲的影響而開始男女合演已是常態。〔註86〕
客家戲長期被歌仔戲拿來做比較，造成混淆，但卻不如歌仔戲受人重視，且
被忽略，甚至被冠上「客家歌仔戲」一說，以「客家歌仔戲」稱呼客家戲，以
其給人之第一印象和觀感有關，不能給予否認，這並非是客家戲的原有樣貌，
只能說是最適合客家戲班生存所產生的結果。由於商業性的演出與觀眾的互
動，使得客家戲的演出趨向「多元化」，根據呂訴上《臺灣電影戲劇史》中，
有類似記載：

> 其實現在較出示公眾場所，或是劇院娛樂的戲劇，亦只剩下，歌仔
> 戲、京戲、話劇、掌中戲等幾種而已，其中除了京戲保持著國粹的
> 原來戲劇外，<u>其餘為了討好觀眾，而形成奇形怪狀</u>……。〔註87〕（底
> 線為筆者所加）

在上文中的「其餘為了討好觀眾，而形成奇形怪狀」，筆者認為呂訴上所指的

〔註84〕黃心穎《臺灣的客家戲》（臺北市：臺灣書店，1998年11月初版），頁34～
56。
〔註85〕黃心穎《臺灣的客家戲》（臺北市：臺灣書店，1998年11月初版），頁81。
〔註86〕張文環〈閹雞〉《日據時期臺灣小說選讀》（臺北：萬卷樓圖書有限公司，1998），
頁309。「大正十三年，那正是「臺灣歌劇」的全盛時代。歌仔戲從亂彈到九
角仔，不管北管也好或者南管也好，都不再說戲的名稱，而一律稱為男女班
來了。受了客家歌劇對一般的戲劇的影響，戲裡的女角非由女人扮演，便被
認為是不成話說。」
〔註87〕呂訴上《臺灣電影戲劇史》（臺北：銀華出版社，1961年9月初版，1991年
9月再版），頁185。

就是結合各種劇種的演出風格、形式趨向多元化。在臺灣這種演出形式稱為「戲曲活魚三吃」、「三下鍋〔註88〕」，能說是客家班一大經典特色。對於「客家歌仔戲」一詞，呂訴上亦提及：

〈菜地戲〉

在臺灣是衹流行於新竹、苗栗二客地。……以藝術的觀點來說「女子客語歌仔戲」，……客家民族對福佬語言，為了謀生，加緊學習。更由此種附庸性，發現了福佬音的南管和歌仔戲，由於客家民族本身除山歌外，戲劇方面，還是一片空白，因此就造成了全部女子的「客家語的歌仔戲」。再耕地上學習，在菜園地演出，而名為菜地戲，或篤戲。〔註89〕

根據呂訴上的說法，他以藝術的觀點來稱之「女子客語歌仔戲」，也說明客家民族為了謀生不斷學習福佬語，值得注意呂訴上間接提出客家民族除了山歌外，「戲劇方面仍是一片空白」。為何會提出這個說法？依據文獻紀載，在採茶戲傳入臺灣時就有一定基礎的三小戲階段，呂卻提出「一片空白」，不免讓人用質疑的角度看待。根據黃心穎的《臺灣的客家戲》一書中，認為「菜地戲」與「採茶戲」閩語發音相同，是否是「採茶戲」？黃心穎也不敢輕易斷定，她認為呂將「菜地戲」稱為「『歌仔戲』的客家化」或許是客家戲後來受各種劇種影響，所形成的「什錦戲」狀態。〔註90〕對於客家戲不被重視，黃心穎也提及：

「臺灣省地方戲劇協進會」初期較重視歌仔戲，於民國四十一年開始舉辦的比賽中，就沒有「客家班」組，當時的客家戲班，為了戲班每年的執照蓋章問題，只能以「歌仔戲」班的名義報名參加……客家戲班在政策上，因為一直被歸類於「歌仔戲類」，野臺演出又和歌仔戲類似，並沒有藝人想到要將其獨立為一組；在野臺的演出，由於也到閩南庄表演，被歸做歌仔戲班，也有便利之處，故現今許

〔註88〕所謂幾下鍋，是指在一場出演中既有客家戲也有其他劇種，或者是幾個劇種合演一齣戲；兩個劇種結合就叫「二下鍋」，也有三、四種或更多劇種同臺演出的，就叫「三下鍋」、「四下鍋」。

〔註89〕呂訴上《臺灣電影戲劇史》（臺北：銀華出版社，1961年9月初版，1991年9月再版），頁174。

〔註90〕黃心穎《臺灣的客家戲》（臺北市：臺灣書店，1998年11月初版），頁64～65。

多戲班的職業登記證上，所登記的類別即為「歌仔戲」。〔註91〕

謝一如在《臺灣客家三腳採茶戲與客家採茶大戲》中指出，日本人在1927年所做的「昭和二年各州廳演劇一覽表」調查表裡，其中卓清雲的「霓雲社」劇種名被劃分到歌仔戲〔註92〕。因為客家戲班的不被重視，在政策營運上只能將執照登記為歌仔戲，造成客家班以歌仔戲的名義出現，自然而然形成兩者之間的混淆。為了方便性，客家人甚至組織起歌仔戲營運演出，對於此呂訴上在書中指出：

> 這大約是在民國初的時候，在臺北市新舞臺經理直營，組織歌仔戲「新舞社歌劇團」，經常公演。後續有<u>新竹日人松田氏組織客家人的客家歌仔戲</u>，亦會演閩南語，該團多角有阿狗旦、阿細妹旦、小春姊等，後來各地都開始組織演唱歌仔戲，如民國十年前後有清樂園班，新莊有如意社等，如雨後春筍盛況起來。〔註93〕（底線為筆者所加）

再據《臺灣省通誌》藝術篇提到：

> 新竹市之日人松田某，亦出而設立永樂團客家歌仔戲。演員能操粵語，亦能操閩語，故聘演者甚多。〔註94〕

呂訴上書中對於客家採茶戲的記錄並不是很多，反而著重在客家人所組織的京班和歌仔班。書中所記錄的「有新竹日人松田氏組織客家人的客家歌仔戲，亦會演閩南語」，與在廣告刊登「新竹客家歌仔戲『共樂園』的劇團」。由這些文獻能明顯得知「客家歌仔戲」一詞，除了可能因兩者發展途徑相同造成觀眾混淆而被冠上的名目以外，也有可能是當時歌仔戲瞬間火速興盛，客家人為了生存有意的組織歌仔班，如此長期混淆導致無法辨識客家戲原本樣貌。因應環境的條件，客家人不僅能演客家戲亦能演歌仔戲，這也造就客家班演員有這項「允客允閩」的能力。根據謝一如的書中也提供出另一個可能性：

> 客家戲團在當時因為處於客家改良戲時期，演出內容幾乎無奇不

〔註91〕黃心穎《臺灣的客家戲》（臺北市：臺灣書店，1998年11月初版），頁60。

〔註92〕謝一如、徐進堯著，《臺灣客家三腳採茶戲與客家採茶大戲》（新竹縣竹北市：竹縣文化局，2002年），頁187～190。

〔註93〕呂訴上《臺灣電影戲劇史》（臺北：銀華出版社，1961年9月初版，1991年9月再版），頁236。

〔註94〕《臺灣省通誌》藝術篇，頁15。

有，而客家劇團在名稱上一直沒有非常明顯的標誌，客家劇團的團名從沒標明「採茶」字樣，又由於日據時期日人對於演戲的限制，不准演採茶戲或是歌仔戲，劇團為避免生事，團名皆改「某某歌劇團」，至今已成習慣。因此官方的調查人員在分類上，或因方便或因判斷有誤，容易發生錯誤。〔註95〕

然而黃心穎在《臺灣的客家戲》一書中也對「客家歌仔戲」一詞做出辯解：

> 為了生活與拓展戲路，嘗試往閩南庄發展的戲班，請來歌仔戲班先生教唱歌仔調，他們演唱歌仔戲是出自生活與營業利益的考量，不表示採茶戲即受歌仔戲全盤之影響。採茶戲在內容、故事上常與歌仔戲學習，把本事搬過來演，於客庄表演時，故事可能相同，也有混合歌仔調的現象，但臺詞也都不同，何況有些班除非到閩南庄演出，否則根本不唱歌仔調；只能說，二者在發展過程中有太多的雷同之處，並且相互學習，不能說採茶戲是「客語歌仔戲」。〔註96〕

當時的環境需求，客家戲與歌仔戲為謀生，大量吸收外來劇種的養分並且互相學習，導致非內行人能夠輕易辨別，容易產生錯亂。有些客家班在演出活動中，為了求變化及拓展戲路，有時會穿插一些不同劇種的曲調，並且到閩南庄演出口白亦操河洛腔，只能說是「戲路隨商路」的最好寫照。

由於來臺的漢移民分成客家與閩南兩大族群，不同的語言形成不同的腔調，不同的腔調形成不同的劇種；閩南地區形成歌仔戲，客家地區形成採茶戲。兩種戲劇同為歌謠戲，在形成過程中必然互相關連。兩者相互借用穿插、混用各類劇種的腔調以及表演模式，在淵源上或許相同，但容易讓人產生系統上的混淆以及分類上的困擾，長期下來間接衍生出「客家歌仔戲」一詞。

綜合以上所述，能發現客家大戲在光復後的戲園演出，受到當時新興的聲光娛樂影響，及其他劇種的相互觀摩學習，可以說這是客家戲曲面貌最有包容力、多元化與彈性的一個時期。

當時的社會環境競爭激烈，戲班經營不易，客家戲班為了生存營運及拓展戲路而大量吸收外來劇種，所有的求新求變只為讓觀眾買單，當時還未有意識給予客家戲明確定位。然而在兩者對比之下發現有許多相同之處，例如：

〔註95〕謝一如、徐進堯著，《臺灣客家三腳採茶戲與客家採茶大戲》（新竹縣竹北市：竹縣文化局，2002 年），頁 190。

〔註96〕黃心穎《臺灣的客家戲》，臺北市：臺灣書店，1998，初版，頁 36。

「兩者都是在臺灣土生土長的劇種」、「兩者都受到外來劇種的影響」、「兩者皆受到警察當局的管制、輿論的撻伐、皇民化運動的影響」、「做活戲的展現」、「身段的展現」、「扮相服飾」、「行當腳色」、「聲腔的運用」等；從這些相同點，可以證明平行發展的臺灣客家採茶戲與歌仔戲有如兄弟一般，彼此之間有密切的關連，卻又各具特色〔註97〕。

總而言之，同為臺灣土生土長的客家採茶戲與歌仔戲，關係密切，兩者皆是臺灣珍貴的物質文化資產。

第二節　從「即興搬演」的源流：談客家「幕表戲」

關於中國傳統戲曲創作劇目的方法，陳多提出一個問題：「如果將劇目演出比做雞，而將劇本比作蛋，那到底是「雞生蛋」還是「蛋生雞」呢？」依照現代戲劇觀，戲劇必先有劇本後有演出，戲劇的舞臺表演從編寫劇本開始。但在陳多看來，在戲曲史上「蛋生雞」式的劇目創作方式，不過存在於元代後期的雜劇、明代嘉靖以後的昆劇和世紀中葉以後的京劇、川劇等少數劇種而已，更多劇種採取的還是「雞生蛋」的創作方式。〔註98〕

在歷史上，民間藝人用這種方式編創了無數的劇本、劇目，其中一些優秀劇目經過長期演出而廣泛流傳、常演不衰，並因此固定下來，由文人、學士加以整理記錄進而產生了劇本，這就是「雞生蛋」式的劇本營造方式。

一、幕表戲的古跡

王國維在《宋元戲曲考》中所言：

綜上所述觀之，則唐代僅有歌舞及滑稽劇，至宋、金二代而始有純粹演故事之劇；故雖謂真正之戲劇，起於宋代，無不可也。然宋、金演劇之結構，雖略如上，而其本則無一存。故當日已有代言體之戲曲否，已不可知。而論真正之戲曲，不能不從元「雜劇」開始。〔註99〕

〔註97〕徐進堯《龍鳳園戲劇團研究——兼論臺灣客家採茶戲的發展與演變》，國立臺北大學民俗藝術研究所碩士論文，2006年6月，頁118。

〔註98〕鄭劭榮、江育靜〈元雜劇口頭編演型態探討——以《元刊雜劇三十種》為中心〉，《東疆學刊》（文獻由大陸期刊網站下載取得，因文獻不完整，固無法取得出刊年與頁號）。

〔註99〕王國維《宋元戲曲史》，（北京：東方出版社，1996年），頁65。

有諸多學者對於王國維這一觀點提出批判，如楊蔭瀏先生認為：

> 王國維並沒有根據劇本有無來斷定一個時代的有無真正之戲曲，但
> 近代的學者漸漸有根據劇本有無斷定戲劇之有無的偏向，即使沒有
> 「本」也不等於沒有「真正之戲曲」，關於這一點，在今天流行的好
> 多戲曲中，還可以找到無數的例子。〔註100〕

葉長海、張福海在這個問題上也指出：

> 北宋時期雜劇的演出，民間是主體，而民間的演出，多是一種口頭
> 約定性質的，或者是俗稱的「跑梁子」，並無固定的演出臺本……
> （到了金時期）由於院本是藝人們搬演的，或像北雜劇的演出那樣，
> 即「幕表戲」的樣子。〔註101〕

從當下的戲曲現象尋找證據來論證，認為沒有劇本的宋金時期也同樣有戲曲
的演出，與現今的幕表戲有著相類似的表演模式。中國古典即興劇場十分豐
富，與西方即興戲劇如出一轍，早在原始戲劇型態中的「儀式擬態」、「交感
巫術」、「圖騰擬態」以及「驅儺」中，都沒有事先寫定的劇本，由巫師根據原
有架構，以自發性的方式進行「臨場反應創作」，其充滿戲劇性的巫儀表演，
為戲劇的成熟奠定了關鍵必要基礎。十二世紀出現「倡優與優戲」，先秦時期
對倡優有許多不同的稱呼，如倡、俳、伶、侏儒、弄人等等。在司馬遷《史
記·滑稽列傳》：「優孟衣冠」、「楚優孟諫葬馬」、「秦優施諫漆城」與劉向《新
序·刺奢第六》：「趙優莫諫飲酒」，從文中大抵能看出優人「臨場反應創作」
以諷諫君工之例。廖奔與劉彥君在《中國戲劇發展史》中，清晰羅列了唐代
「優戲」的八種類型：（一）弄參軍、（二）弄假官、（三）弄孔子、（四）弄假
婦人、（五）弄婆羅門、（六）弄鬼神、（七）弄三教、（八）弄癡大。從文獻中
對表演者的形容能看出唐代的優戲應為「即興」演出。

　　諸多學者提出宋元時期對於類似這套「幕表」性質的表演依舊有諸多文
獻記載，如宋元時期《東京夢華錄》卷十「十二月」條載：「有入此月，即
有貧者三數人為一火，裝婦人神鬼，敲鑼擊鼓，巡門乞錢，俗呼為「打夜
胡」，亦驅祟之道也。」〔註102〕《都城紀勝》「市井」載：「此外如執政府牆

〔註100〕楊蔭瀏《中國古代音樂史稿》，（北京：人民音樂出版社，2006 年），頁 345。
〔註101〕葉長海、張福海《中國戲曲史》，（上海：上海古籍出版社，2004 年），頁 33。
〔註102〕孟元老等《東京夢華錄》，（外四種）（上海：上海古典文學出版社，1956 年），
　　　　頁 62。

下空地，諸色路歧人，在此作場，尤為騈闐。又皇城司馬道亦然、候潮門外殿司教場，夏月亦有絕伎作場。其他街市，如此空隙地段，多有作場之人」。〔註103〕《武林舊事》卷六「瓦子勾欄」也載：「或有路歧，不入勾欄，只在耍鬧寬闊之處做場者，謂之「打野呵」。此又藝之次者」。〔註104〕《南宋市肆記》也有類似記載：「瓦舍勾欄，城內隸修內司，城外隸殿前司，或有路歧不入勾欄，只在寬闊處做場，謂之「打野呵」。〔註105〕元無名氏《獨角牛》雜劇第一折：「路歧歧路兩悠悠，不到天涯未肯休。有人學得輕巧藝，敢走南州共北州」。〔註106〕

　　從上述各個文獻中所指出的「打夜胡」、「打野呵」都能依稀判定演出的內容可能很少依據固定劇本，而是根據現場情況來借題發揮，與幕表戲有相類似的表演形式。曾永義在其《戲曲學（一）》裡的〈劇場論〉提到廣場踏搖：

> 以鄉土歌舞最為主要。指滋生於鄉土的山歌里謠雜曲小調和舞蹈，
> 及所謂「踏歌」或「踏謠」，以此而加上簡單的情節和妝扮，以代言
> 體搬演，即形成鄉土小戲。如，花鼓戲、秧歌戲、花燈戲、採茶戲
> 等，腳色以手帕、傘、扇為主要道具，每每男扮女裝，除地為場作
> 為表演之所。〔註107〕

「謠」可以說是「滿心而發，肆口而成」的即景即情的即興語言。小戲的「踏謠」是集於演員一身的，所以小戲的藝術性格，其巧妙與否，實繫於演員即興的能力。又見各文獻中的「不入勾欄」一詞，與「落地掃」有不謀而合之處，不受場地限制，走到哪演到哪的一種形式。鍾永宏在碩士論文中提及：

> 「落地掃」在臺灣又稱為「土腳趖」或「落地索」，是一種在地面演
> 出的形式（態），並不是某種劇種之指稱，客家話直譯為「Log^ Ti^
> So^」。它通常是某一種劇種蘊釀或形成初期的形式。此種演出型態
> 通常在廟會遶境、神明出巡或喪葬遊行時，沿街做定點式短暫表演，

〔註103〕孟元老等《東京夢華錄》，（外四種）（上海：上海古典文學出版社，1956年），頁91。

〔註104〕孟元老等《東京夢華錄》，（外四種）（上海：上海古典文學出版社，1956年），頁441。

〔註105〕孟元老等《東京夢華錄》，（外四種）（上海：上海古典文學出版社，1956年），頁123。

〔註106〕《戲曲報》第5卷第6期，頁229。

〔註107〕曾永義《戲曲學（一）》，臺北：三民書局出版，2016年，頁175。

　　屬於行進間的表演藝術。它能隨時隨地演出，也可隨時開始、延長
　　或結束，因此「即興」性質強烈，演出內容並無固定歌詞和對白，
　　所以自由而活潑〔註108〕。

上述文獻形容落地掃「它能隨時隨地演出，也可隨時開始、延長或結束」，與
《武林舊事》卷六「瓦子勾欄」：「不入勾欄，只在要鬧寬闊之處做場者」、《南
宋市肆記》：「有路歧不入勾欄，只在寬闊處做場」中的「打野呵」能明顯看出
其相似之處。

　　古代文獻典籍中鮮有載錄關於劇本口頭編演的蹤跡，其發展線索一直隱
藏在戲曲發展史的潺潺長河之中，《元刊雜劇三十種》是目前唯一遺存的元代
刊印之雜劇文本，也是還原元雜劇舞臺真相的主要文獻依據，可以探求到元
雜劇即興表演的諸多表徵。許多學者在《元刊雜劇三十種》中指出為何賓白
不全，甚至有些劇目賓白全無，說明兩種較典型的看法，一種認為賓白最初
是存在的，後被刊刻者刪除；另一種認為元代早期雜劇賓白原本就比較少，
著重唱曲，至元代中期賓白才漸漸增多。產生上述兩種說法的原因，其實是
因為沒有注意到元刊雜劇的口頭劇本性質而導致賓白不全的問題。現存元雜
劇的文本形態主要有兩大類型，一是具有較完整的曲文，而賓白簡略，有的
甚至像殘本，沒有一點賓白，以《元刊雜劇三十種》為代表；另一類是明代的
刻本、抄本，唱詞、賓白、舞臺提示等均完整，有的還在裏頭詳細註明了演員
的腳色行當和「穿關」屬於元雜劇劇本中的「足本」，目前通行的明刊元劇均
屬這一類型，如《脈望館鈔校古今雜劇》、《元曲選》〔註109〕等。

　　元刊本與明抄本、刻本戲劇文本形態的差異，能反映出兩種不同時期的
戲劇編演模式。早期的元雜劇演出可能沒有完整的文字劇本，除曲詞與正
旦、正末的賓白相對固定外，其他如次要角色的對白、表演均可由雜劇伶人
「臨場即興發揮」。因此可以看出，當時的劇本有不少即興表演成分的「口
頭劇本」。北曲雜劇演出以劇作家寫訂的劇本為依據，伶人依照「書面劇本」
來表演應是後期的事情，到了明刊雜劇的曲、白、科才出現完整的面貌。然
而我們從《元刊雜劇三十種》中可以看到元雜劇原始文本形式，即「口頭劇

〔註108〕鍾永宏《從落地掃到文化場：客家撮把戲在臺灣的形成與轉變》，（國立臺南
　　　　藝術大學，民族音樂學研究所，碩士論文，2008年7月），頁6。
〔註109〕鄭劭榮、江育靜〈元雜劇口頭編演型態探討──以《元刊雜劇三十種》為中
　　　　心〉，《東疆學刊》（文獻由大陸期刊網站下載取得，因文獻不完整，固無法
　　　　取得出刊年與頁號）。

本」的諸多痕跡。例如，劇本中存在不少提示語，在需要人物念白處註明「某某云了」，需要伶人表演某一動作或製造舞臺效果時，便註明「做某某科」等指示，這些註明的提示語是一種演出「提綱」，至於具體表演，則是由演員按照師傅的傳授以及自身的藝術經驗去進行。《元刊雜劇三十種》中，諸多具有提示功能的舞臺語言是口頭劇本形態的重要表徵，其本質與書面劇本不同，包含不少即興表演的內容，但表演形態與民間戲班的「提綱戲」、「幕表戲」又不完全相同。提綱戲與幕表戲幾乎沒有文字劇本為依據，它不像元雜劇中的主角有事先寫訂的唱詞與賓白，幕表戲的「幕表」只有情節骨幹和一些演出術語，並沒有對話，除非戲中情節有非要說的臺詞才會強調，整體結構如同「拼圖」，將其他戲齣的某段環節拿來套用而產生。如蘇秀婷論文提到：

> 幕表戲就是沒有劇本，只靠一張幕表演戲之謂。編劇的人並不寫出完整的劇本，只根據傳說、筆記或者小說之類，把故事編排一下，把它分場若干場，每一場按照故事的排列分配一些角色，有時寫明上下場的次序，有時不寫，有時註上按照情節非說不可的臺詞，有時連這個也沒有。排戲的時候，只要把角色派好把演員的名字寫在劇中人的下面，大家聚攏來，把戲的情節和上下場的次序說一說，那就編和導的責任都盡了。〔註110〕

而元刊雜劇中主角的唱詞與賓白是預先編制好的，次要角色的賓白則交由伶人憑藉自身的藝術經驗且根據劇情內容去設計，在舞臺上臨場發揮。元刊雜劇在生成之初可能經歷過「提綱戲」時期，《元刊雜劇三十種》雖然經過後人的加工，依然殘留著「提綱戲」的一些痕跡，或許能推測元雜劇是從「提綱戲」至「劇本戲」的過渡時期之文本形式。元刊雜劇不是固定的文字劇本，它是以曲詞常量、賓白為變量的演出腳本，這種特殊的劇本體制無疑是由當時特定的編劇方式造成的，賓白俱全的劇本在元代並未出現，直到明代才由劇作家們所寫定。總之，《元刊雜劇三十種》為我們提供了元雜劇藝人演出「提綱戲」的線索。

戲曲研究者楊俊霞指出：

> 幕表戲的演出形製並非僅存於臺灣地方戲曲，這類即興意味，又充

〔註110〕蘇秀婷《臺灣客家採茶戲之發展及其文本形成研究》，（國立政治大學中國文學系，2011），頁189。

滿能動性的表演模式最早得以追溯至十六世紀中期一至十八世紀
中期的歐洲喜劇，在二百年的時間裡即興喜劇風靡整個義大利，並
對西班牙、荷蘭、德國、奧地利、英國、法國等國的戲劇發展產生
了深遠影響〔註111〕。

在即興喜劇中我們可以明顯地看到它和古典戲劇的一些相似之處。儘管即興
喜劇起源於對古希臘、古羅馬喜劇的模仿，其本身不僅只體現了古典戲劇的
復活，它完全是一種全新、多姿多彩與極富挑戰性的戲劇形式。即興喜劇極
富特色的劇情提綱、相對固定的角色、極具創新性質的面具使用，和兼顧實
用性與靈活性的舞臺設計，不只體現了文藝復興時期義大利人民非凡的聰明
才智，更重要的是，它體現出義大利人民已開始創造性地將人文主義——這
一義大利文藝復興的思想精髓——融入滲透到即興喜劇這一具有時代特色的
「人民的」喜劇形式中〔註112〕。它的劇本只有一張幕表，僅提供喜劇劇情的
大意，沒有預先規定的內容或者詳細的劇本，演員根據戲劇人物性格即興創
作對白、動作，而部分必須要包含在表演中的特別動作或念白，則會在劇情
提綱中指明。演員們雖以即興演出為主要形式，更主要造惠於演員們記誦大
量成語、押韻句子、妙喻、獨白甚至對話，朗朗上口即興運用，類似明代徐渭
《南詞敘錄》中論及南戲的連綴「其曲是宋人詞益以里巷歌謠」，「徒取其畸
農、市女順口可歌而已，諺所謂『隨心令者』」。

即興創作也使觀眾的注意力真正地被放在了表演者身上，而不是放在劇
作家或其他某些因素上。這對戲劇發展有重要意義，演員第一次真正成為了
絕對的創造者和非常重要的參與者，而不再是某種程度上照本宣科的「播音
員」。同時，觀眾也開始注意、評估並區別演員的表演，這使演員的多才多藝
受到了前所未有的關注。楊俊霞也指出：

> 即興喜劇更多地涉及了一些實際生活中的事件和社會問題，劇情
> 提綱是非宗教的、完全世俗的，甚至是粗俗的（多數即興喜劇的
> 舞臺做工片段，尤其是那些涉及身體部位的，即使以現代觀眾的
> 眼光來看，也是色情的，至少是品味差的）。即興喜劇的很多劇情

〔註111〕楊俊霞《在復興中重生——即興喜劇中的人文主義精髓》，（雲南藝術學院學
報），2004 年第 3 期。（文獻由網路下載取得，不完整故無法取得頁數）。

〔註112〕楊俊霞《在復興中重生——即興喜劇中的人文主義精髓》，（雲南藝術學院學
報），2004 年第 3 期。（文獻由網路下載取得，不完整故無法取得頁數）。

> 提綱都會涉及主人和僕人之間的衝突。這顯示了即興喜劇在觀念
> 形態上的重要特徵，即其喜劇情節是建立在權利的不平衡不協調
> 基礎上的。〔註113〕

無獨有偶的從以上資料足以證明，義大利喜劇幾乎與中國戲曲、甚且與臺灣
地方戲曲的幕表戲有著相近似的表演形式，並且劇場形製與觀眾群也有著異
曲同工之妙，都是民間通俗劇場的產物。

　　經過文中的歷史文獻脈絡爬疏、整理，清楚發現許多戲劇在發展初期，
都經歷過即興搬演的特性，凡是戲劇在創作過程中都先經過幕表，再有構思。
事先想好題材元素，進行排練與試演，過程中好的保留，不好的修改或淘汰，
再將臺詞轉化為文字，完成一齣戲的創作，也就是變得更精緻化。

　　幕表制是一種創作的過程；藝文場是一種售票性的劇場演出，即是一種
精緻化後的作品展現，兩者相互並行缺一不可。

二、客家幕表戲的發展途徑

　　採茶戲可以說是客家戲的總稱，之所以稱為採茶戲，原因在於三腳採茶
戲在客家戲裏頭占了很大的份量，影響了日後大戲的形成，也促成了山歌的
改良。

（一）內臺時期

　　在「內臺戲」出現之前，臺灣的戲劇演出多屬「外臺戲」，目的在配合
祭祀、節令。日治之後，戲院「內臺」的演出方式才出現。此時此地，觀眾
看戲的目的已不在酬神，而單純是為了生活上的消遣及與親友同仁間的聯
歡活動〔註114〕。

　　蘇秀婷即認為內臺戲的演出具有幾項特色：連臺本戲、「日唱古路、夜
唱採茶」、講戲與作活戲〔註115〕。根據徐亞湘《日治時期中國戲班在臺灣》
的研究，日治時期從 1908 年至 1936 年，近三十年間，計有五十幾團的上
海京班，或在臺改組之上海京班來臺或在臺巡演，1920 年至 1926 年這幾年

〔註113〕 楊俊霞《在復興中重生——即興喜劇中的人文主義精髓》，（雲南藝術學院學
　　　　　報），2004 年第 3 期。（文獻由網路下載取得，不完整故無法取得頁數）。
〔註114〕 邱坤良《飄浪舞臺：臺灣大眾劇場年代》，遠流出版事業股份有限公司，2008
　　　　　年 9 月，頁 93。
〔註115〕 蘇秀婷《臺灣客家改良戲之研究》，（臺北市：文津，2005 年，初版），頁 148
　　　　　～156。

間，臺灣城鎮居民觀賞京班演出已成為生活中的娛樂方式之一，1924 年臺北「永樂座」落成之後，上海京班在臺演出的熱度更達沸點。客家採茶戲改良成大戲，所受到的最大影響來自京班，上海京班來臺演出，使客家戲班在服裝、機關布景、道具上都受其大力影響，從原本三腳採茶戲的文戲，加入武戲表演，故事跳脫民間小戲架構，而產生後來的改良大戲結構。

　　黃心穎指出，內臺採茶戲早期受到京班的影響很大，尤其自 1923 年以後，「上海京班」、「閩班」來臺表演，來臺班底除了受邀至歌仔戲團教授，亦為客家戲班邀請。客家戲劇雖原有自己的鑼鼓點，此時向其借鏡很多，佈景、行頭、臺步亦有所學習，在內容上加入不少武戲的劇目。有些戲班演出把採茶戲和京劇合在一起，以小旦唱採茶調，生角、男性唱京調，因為他們覺得男孩子唱採茶調顯得柔弱、不夠剛強，如演出歷史故事時，由將軍口中唱出採茶調，就不怎麼搭調〔註116〕。徐亞湘更指出，日治時期上海京班在臺灣的活動雖然有起有落，但從以下幾個現象，可以看出京班在臺灣已埋下了根苗：本土京班的形成、本地京調票房的成立、藝妲的學習京調、京調唱片的大量發行，以及本地戲班的加演京戲〔註117〕。

　　客家大戲在內臺演出時已發展出能演全本京劇，和形成初期只能演出文戲不同，且能夠在十天的檔期中演出連臺本戲，相較以往得演兩、三齣文戲有所差異。在內臺時期一天通常演出兩場，戲碼由戲班安排，有時也讓觀眾點戲。內臺戲是一種商業性的演出，因此如何能夠吸引觀眾來看戲，在劇情內容、舞臺裝置、演員技藝極盡所能有所新意是劇團長期目標。內臺不像外臺需要扮仙戲，因此早上不演。而當時在劇目性質上有所區分，在下午演唱古路戲，夜間演唱採茶戲為常態，通常日戲於下午二點至五點上演，夜戲則是晚上八點至十二點。然而戲班會預告下一場次演出的時間、戲齣，以及簡單的劇情大綱提要，通常演連臺本戲，如《目連救母》、《西遊記》、《封神榜》等。文武場配置至少七人、武場三人、文場四人，而內臺武場其中一人要兼嗩吶，其配置和外臺不同的是，外臺的嗩吶多為文場所吹奏，樂器可視場面的需要有所增減，而電子琴在早期的內臺很少使用，反倒是民國五十年後的外臺才開始使用。內臺演出日戲以「傳仔戲」為多，黃心穎對此有此說明：

〔註116〕黃心穎《臺灣的客家戲》，臺北市：臺灣書店，1998 年初版，頁 35。
〔註117〕徐亞湘〈日治時期臺灣京劇之發展面向及文化意義〉，收入《聽到臺灣歷史的聲音——1910～1945 臺灣戲曲唱片原音重現》，頁，37～39。

以前市面上有「傳仔本」出售，作為民間說唱、唸歌、念勸世文的依據，將其買來，選擇可入戲者加以編排，就能變成演出的劇本。早期內臺演出的戲碼比較傳統，有的就是以「傳仔本」編成的；歷史故事、章回小說，也能編成劇本；換句話說，文字只要有故事架構，能成為演出題材的，藝人泛稱「傳本」。……但對識字的演員、戲先生而言，則「傳仔」指的就是他們取材來源的書籍了；可能是章回小說，也可能是歷史故事——其中以章回小說最為普及；而早期戲劇演出的「傳仔本」，今甚少見，也因如此，晚輩的藝人，不知何謂「傳仔本」，而將所有的「文字記錄」都泛稱「傳仔」，是常有的事。〔註118〕

簡秀珍對傳仔一詞也提出：

早期北管演出「傳仔戲」，係因正本戲劇目不足，或觀眾的喜好。若來不及新編，也可以將某些正本戲「活做」。北管戲衰微後，則與其他劇種演員加入北管劇團演出密切關聯。由於宜蘭地區特殊的「日演北管，夜演歌仔戲」的演出生態，造成「傳仔戲」劇目大量擴增。〔註119〕

有些老藝人說，早期內臺演出有固定劇本、腳步馬虎的模式，但到了後期——尤其是光復後，戲班大都不用劇本，所以即便是同一齣戲碼，每個戲班演起來也不盡相同。而戲班不用劇本，與請來的戲先生教法有關，戲先生通常會以「傳仔〔註120〕」教初進戲班的學徒唱、唸和腳步，過一陣子，就讓他們

〔註118〕 黃心穎《臺灣的客家戲》，臺北市：臺灣書店，1998，初版，頁45。

〔註119〕 簡秀珍〈從傳仔戲論臺灣亂彈戲裡的活戲演出〉《民俗曲藝》第181期，臺北：施合鄭民俗文化基金會，2013年9月，頁49～96。

〔註120〕 傳仔一詞有六種意思：

1. 指出傳仔是有歷史根據的，有其傳統性，與小說有別。傳者，傳承之意也。屬於歷史的才有必要傳，如三國志、東周列國志等，是有歷史根據、有國家價值者。此和小說不同，傳仔是有綱鑑的，而小說是虛假的，講完就過了。

2. 指出傳仔類似章回小說，而傳仔戲應是歌仔戲的前身。

3. 指出傳仔是改良採茶戲的劇本，凡人物傳記、敘事歌謠等皆屬之。

4. 指出古時候的故事本，又被人潤飾為劇本，有大、小傳之別，且此「傳」可稱「記」。

5. 指為正統歷史人事物的故事本，與小說本有別。

6. 指為舊體章回小說（邱春美《臺灣客家說唱文學「傳仔」的研究》，逢甲大學中文研究所碩士論文，1993年12月，頁2～4。）

演活戲了〔註121〕。早期傳統的戲碼都有劇本，如《仙伯英臺》、《陳三五娘》、《孟姜女》、《劉廷英賣身歌》、《送郎十里亭歌》、《呂蒙正》、《胡忠慶》、《姜安送米》……等，都為「傳仔本（書）」。

　　內臺時期的劇目在演出當時並未被記錄下來，多數未傳衍下來的劇目已無由得見。所幸自二十世紀六十年代末至今，客家戲在外臺演出的「幕表戲」劇目大多取自內臺劇目的刪修改編，當然也有部分為當今藝人新創。

　　當時內臺沒落轉向外臺，客家戲融入以外臺為主要演出的亂彈、四平，造就「日演四平（正戲）、夜演採茶」的生存模式。

【圖片說明】《仙伯英臺》中〈英臺哭墓〉大段唱詞的「傳仔」手抄本。（圖片來源：筆者翻拍客家藝師黃秀滿提供資料）。

（二）賣藥廣播的過渡時期

　　1960 年，戲園以放映電影為主，民眾紛紛逐新趣異，戲班被迫退出戲園。內臺結束後，客家戲進入外臺市場，大部份的演員進入廣播戲曲，形成「賣藥」為主、演戲為輔的表演生態。以「落地掃」的演出方式廣告藥品，演員加

〔註121〕黃心穎《臺灣的客家戲》，臺北市：臺灣書店，1998 年初版，頁42。

入賣藥團後馬上受到觀眾的喜愛，成為最受歡迎的賣藥團表演形式。劉秀庭在其碩論提到：

> 從田野資料歸納，1920 年代之前臺灣賣藥團的活動方式，大致應不脫扑拳頭賣膏藥與江湖走唱等兩種，日治後期已出現較大場面的說唱賣藥團……到了 1950 年代後期內臺戲不景氣，大量流出的戲曲藝人將集體式的動態表演下放到公園、廣場、穀埕與廟口，以大場的落地掃或作為集錦式節目組合中特別 service 的壓軸歌仔戲表演，取代了唱唸在藥品廣告上的地位。〔註 122〕

為了另尋他處，許多藝人到桃、竹、苗等客家地區的廣播電臺錄製客家大戲，當時製播客家大戲的電臺，包括桃園先聲、新竹臺聲、新竹天聲、竹南中廣、新埔大中華、苗栗中廣、苗栗臺聲等〔註 123〕。

電臺播放客家大戲的盛況大約歷時十多年，至七〇年代電視普及後，電臺便不若以往受歡迎，然而，興盛時期卻也造就了許多客家戲曲明星，他們的表演特色多以唱功見長。處在電臺這種依賴聽覺的欣賞管道，它注重的是演員的唱腔、唸白，演員不須身段、扮相，自然是嗓子佳、唱功好的藝人能脫穎而出。客家廣播戲的演出沒有劇本，由戲先生說戲、演出大戲，時也演小戲；由於聽眾看不到畫面，一人可分飾數個角色，聽眾憑聲音想像，聲音出眾者則成為受歡迎的「電臺明星」，「電臺明星」萬一請假或不演，聽眾會紛紛表達關心之意〔註 124〕。在《臺灣客家大戲簡史》中有提及：

> 當時在客家戲界最有名的製藥廠是「大中華製藥廠」，藝人在錄製戲齣的空檔，便幫他們的藥品廣告，並預告夜間將去何處演出賣藥，這種兼職賣藥的演出方式，也對藝人的生活不無小補。在表演藝術上，廣播電臺錄製大戲時，只需唱唸的功夫，毋須身段動作，編制上也不用佈景燈光等繁複的製作群配合，錄製的劇目則與內臺時期大致一樣〔註 125〕。

〔註 122〕劉秀庭《賣藥團——一個另類歌仔戲班的研究》，臺北：臺北藝術大學傳統藝術研究所碩士論文，1999 年，頁 16。

〔註 123〕楊寶蓮《大家來唱勸世文》（客語研究），行政院客家委員會補助出版，2011年，頁 3。

〔註 124〕黃心穎《臺灣的客家戲》，臺北市：臺灣書店，1998 年初版，頁 56。

〔註 125〕鄭榮興、蘇秀婷、彭琦倩《臺灣客家大戲簡史》（網路引文，引自：新北市客家數位館），頁 12。

電臺播戲的時間是一天兩場，各兩三個小時，但廣播電臺播放保有彈性，也有播一個小時、半小時、幾十分鐘就穿插一次，在電臺播出大戲的時段與在戲園演出一樣，分為午戲及夜戲，藝人平日多半現場錄音播出，星期天則用預先錄製好的帶子播放。酬勞的計算方式為一個月結算一次，另外在廣播時段裡幫忙藥廠打廣告還能分紅，成為結合表演為藥廠促銷藥品的廣告者，生活較內臺時期穩定。當時表演結合賣藥是以表演為手段聚集群眾，最終目的在促銷藥品賺取利潤，如歌仔戲藝人陳桂英〔註126〕。1965 年在鳳鳴電臺錄製節目時，陳桂英遇到藥品廣告商李明智先生，兩人結連理，婚後與先生成立獨唱團，除了走唱外，也與藥廠、中醫診所訂定契約，以錄音播放的方式，在電臺播放歌仔戲節目，替藥廠或診所打廣告。一般是該團與藥廠簽訂幫該藥廠銷售那些藥品，而藥廠要給予多少利潤。簽訂契約後，這些藥品藥廠不能交給其他團促銷〔註127〕。

（三）外臺時期

二十世紀 1960 年末，因電影及電視的興起進佔了傳統戲劇的市場，客家戲被迫從「內臺」的商演戲院，轉戰「外臺」的酬神廟會。

外臺戲的演出是民間宗教信仰的儀式之一，基本上仍是延續內臺戲的特色，有所不同的是，具有宗教上的意涵。然而從「內臺」到「外臺」，為了適應「五至十天」的連臺本戲到「一至三天」的檔期縮減，劇目經歷了重新整編翻新的過程，而這一批經過考驗存留的劇目，因為人員的高度流動，得以流播到各戲班。

「外臺戲」亦謂「野臺戲」，依附在民間廟會慶典，以酬神祭儀為主要演出目的，是目前客家戲、歌仔戲賴以生存的表演型態，可說是現今客家大戲仰賴的表演場域，而黃心穎將外臺戲歸納出三項特色「靈活性」、「宗教性」、

〔註126〕陳桂英，傑出廣播歌仔戲藝人；1948 年出生於高雄。一人飾生旦淨丑之口條聲腔，除了在賣藥團及廣播歌仔戲時期有豐富精采的播送經驗外，對於歌仔戲的傳承更是不遺餘力，曾在楠梓國中、五權、七權國小、高雄女中、三信家商、研習營以及高雄師大歌仔戲社團擔任聲腔指導老師，在南部地區賣力推廣歌仔戲。（引自國立傳統藝術中心──臺灣音樂館網頁，2011年。）

〔註127〕陳玟惠《高雄市歌仔戲藝人陳桂英表演及教學藝術研究》，高雄：國立高雄師範大學國文教學碩士論文，2002 年，頁 17。

「多元性」〔註128〕。通常由廟方主事者出面請戲，戲班則透過班長〔註129〕來打戲路，外臺戲的演出以「幕表戲」的方式，所謂幕表戲就是演出無固定的劇本，僅由講戲先生或資深演員在演出前臨時決定戲齣、分派角色、講述分場內容，再由演員臨場舖演全劇。

由於演出具有酬神意義，因此在正戲之前得先扮仙，這部份是內臺戲不需要的。因此，客家大戲演出外臺戲，藝人首先得學習如何扮仙，其學習對象不外乎亂彈戲、四平戲等原本即在外臺活動的劇種。外臺戲一天的演出由二個部份構成，即為「扮仙戲」和「正戲」。扮仙戲主要是演給神明看，除了慶賀神明壽誕之外，亦有祈神降福之意。通常正戲演出之前需先扮仙，但若遇神祇出巡繞境亦可先演出正戲，待神祇回廟時才扮仙，扮完仙再繼續演出正戲。

扮仙多以廟方的所有信徒為祈福對象，個人亦可因還願或祈福請求戲班特別為其扮仙一臺，這種扮仙的儀式較為簡單，戲金亦較少，有時甚至因為接受太多個人的扮仙，而取消正戲的演出。

當時客家地區之迎神廟會活動中，亂彈及四平戲在外臺戲最為活躍，故亂彈、四平戲即成為客家大戲學習模仿之對象。另外，採茶戲與外江戲，在演員相互交流及長時間蘊含下，漸漸發展成為演出人眾多、講究舞臺技術的綜合表演。這種大戲由於經過一番改造，一般稱之為「改良戲」，與傳統客家三腳採茶戲有所區別，也因為這種大戲是在三腳採茶戲之基礎上蛻變而成，故演員角色超過三人，因此一般捨棄「三腳」二字，而稱之為「採茶戲」或「打採茶」。儘管其演出劇目已與採茶故事無關，客家戲由內臺轉向外臺演出之後唱起四平、亂彈之酬神戲，佔據了原來外臺四平、亂彈班的市場，以致四平、亂彈大量藝人加入客家戲行列。外臺戲的性質多為宗教性的酬神戲，因此需遷就各地方的民情風俗及慣例忌諱，如男女輕鬆調笑的劇情會被視為不莊重，甚至在內臺戲時期份量頗重的苦情戲，在外臺也不甚適宜，會被認為太過悲情。因此，戲班

〔註128〕 黃心穎《臺灣的客家戲》，臺北市：臺灣書店，1998，初版，頁82～105。
〔註129〕 「班長」是指劇團的經紀人，不隸屬劇團團員，而是專為劇團接洽演出事宜，俗稱「打戲路」，並從中抽取佣金作為酬勞。一般佣金約為戲金的百分之八，俗稱「牽索仔錢」，班長雖然不必參與演出，但需負責戲班如期、順利演出，否則「誤戲誤三牲」（耽誤演戲就是耽誤祭典科儀），班長將會被綁在戲臺上以示懲罰。（網路引文：引自《傳藝》雙月刊第76期，國立傳統藝術中心出版）。

得針對各個地方的習俗在劇目上做調整，許多戲班為了省麻煩，傾向演出古路戲，因而衍生出「日唱四平（古路）、夜唱採茶」的表演模式。

　　然而外臺戲的演出相當辛苦，有時連演好幾天，演員只能以戲臺為家，在後臺簡單鋪草蓆、席地而睡，洗澡也只能向當地居民借用盥洗。黃心穎在書中亦描述：

> 當時外臺演出和內臺相比，不但不值錢，演出也很辛苦，演給神看、
> 觀眾少、地位低、又得四處奔波，晚上常睡在牛欄間、鴨寮等，被
> 戲稱作「大班的乞食（乞丐）」；然有些四平戲演得好、在地方上有
> 知名度的，還是會被請到內臺來表演。〔註130〕

　　1937 年進入中日戰爭後，皇民化運動如火如荼地展開，為求資源的節省，民間信仰繁雜的儀式受到多方的限制，像是規定警察官吏派出所管轄範圍內的所有廟宇，只能選擇在某一天共同舉行神明聖誕千秋的祭典儀式，換句話說，在統治者的規範下，管區內的媽祖、關聖帝君、土地公必須在同一天進行集體性祭典。

　　1959 年 7 月 16 日，省政府公布了「臺灣省改善民間習俗辦法〔註131〕」，統一拜拜、提倡節約拜拜活動、規定各村莊統一舉行祭典儀式；另一方面，政府也要求公務人員不能宴客。這些提倡簡約純樸的生活方式，雖被視為一種美德而被遵行，卻對於剛轉向外臺的客家戲班，無非是投下一顆強悍的震撼彈，壓縮了許多戲班在民間祭祀及各種婚喪喜慶的演出機會，多數戲班紛紛關門大吉，但也有其他外臺戲班繼續營業。

〔註130〕黃心穎《臺灣的客家戲》，臺北市：臺灣書店，1998 年初版，頁 51。
〔註131〕民國四十八年七月十六日中央日報記載：
　　　　臺灣省改善民間習俗辦法中，對民間寺廟祭典舉行方式規定如下：
　　　　一、農曆七月普渡，統一於農曆七月十五日舉行一次。
　　　　二、各寺廟庵觀，每年分別舉行祭典一次，其日期由各寺廟庵觀自行決定。
　　　　　　同一鄉鎮市區供奉同一主神之寺廟庵觀，仍應合併統一舉行。
　　　　三、平安祭典以鄉鎮市區或依當地習慣為單位，於稼穡收穫後，每年舉行一次。
　　　　四、祭品應限用清香、茶果、鮮花，其須用牲祭者，寺廟以豬、羊各一頭為限，信民共祭不得以全豬羊作為祭品。
　　　　五、祭典日演戲，以當天一天演戲為原則。
　　　　六、寺廟庵觀暨祭祀公業管理人，不得藉為祭典，濫募斂財。
　　　　七、各寺廟庵觀平時舉行宗教儀式，信徒燒香朝拜暨先哲先烈之祭祀，不受限制。

臺灣省行政長官公署令

雨子繪賢法字第九二五四號（不另
中華民國卅六年一月三十日（甲文）

茲制定臺灣省查禁民間不良習俗辦法施行細則公布之。此令。

行政長官　陳　儀

臺灣省查禁民間不良習俗辦法施行細則

第一條　本細則依查禁民間不良習俗辦法（以下簡稱本辦法）第十一條之規定訂定之。

第二條　本辦法第十條規定之執行機關，本省各縣市政府、警察局，區署或區公所，及鄉鎮公所，均適用之。

第三條　本辦法第四條第三款，第五條第五款，第六條第三款，第七條第三款，及第九條第二款，規定之罰鍰或移送司法機關法辦，應由縣市政府或報由縣市政府禁行之。

第四條　各縣市政府，應於本細則公布日起一個月內，擬具宣導計劃會同有關機關，並依左列各款項目，遒其報告書，隨時呈報（或選報）本省行政長官公署備查。
一　神權迷信之種類（依本辦法第三條各款分列）；
二　活動情形。
三　查禁經過。
四　禁後情形。
五　禁後意見。

第五條　各縣市政府對於本辦法第三條各款所列崇拜神權迷信行為，尤須致力查禁、並依左列各款項目，遒其報告書，隨時呈報（或選報）本省行政長官公署備查。

第六條　各縣市政府，依本辦法第八條之規定，應予強制改營其他正當職業者；應先行調查，予以登記，並限自本細則公布日起一年內辦理完竣。

第七條　各縣市政府，對於本辦法第五條及第六條之規定，應自本細則公布日起半年內辦理完竣。

第八條　本辦法第七條第一款第二款，本省暫不適用，凡犯有匯胎溺嬰之行為者，移送司法機關法辦。

第九條　本細則自公布日施行。

【圖片來源】《臺灣省行政長官公署公報》，1947 年春季第 25 期，頁 386～387。

　　二十一世紀現存的職業客家劇團，約莫還有十幾班，大部分戲班其營收來源以外臺戲為主。但由於社會環境的變遷，有些廟方縮減演出酬神戲的天數，節省預算開支；有些甚至乾脆不再請戲，只請電子花車辣妹唱歌跳舞，或是只辦簡單的辦桌、流水席，這都使得戲班的生存愈加困難，加上多團競爭搶戲路的狀況下，因而走向削價競爭的不歸路，也間接促使演出品質下降，遑論有多餘經費與能力培養後進。

第三條　本辦法所稱崇拜神權迷信係指左列各款：

一　以卜筮星相巫覡堪輿為業者；

二　崇奉邪教開堂惑眾者；

三　供奉淫神藉以歛財者；

四　設立社壇降鸞扶乩者；

五　舉行迎神賽會者；

六　妄造符咒圖讖預言或散布此類文字圖書者；

七　印刷或販賣傳播迷信之書籍傳單及圖畫者；

八　藉符咒邪術醫治傷病者；

九　假托神權迷信，從事其他非法活動及秘密結社者。

【圖片來源】「查禁民間不良習慣辦法」，《臺灣省行政長官公署公報》，1947 年春季第 3 期，頁 36。

第三節　客家戲幕表戲現今的概況

一、客家戲當代樣貌

　　客家戲班其發展自外臺、內臺、廣播、電影、電視、舞臺等時期，到現在的外臺戲與文化場的併行，顯示出其演出場域的轉變。

　　自客家委員會成立後，2009 年度開辦「客庄十二大節慶」，納入包括「客家桐花祭」、「六堆嘉年華」、「傳統戲曲收冬戲」，以及客庄地區具有特色的民俗慶典活動、輔導客家藝文團隊升級成長、薪傳「客家大戲」等傳統藝術，帶動客庄觀光旅遊、繁榮地方經濟。

（一）登記立案團體

　　自 2017 年各縣市政府文化局登記立案演藝團體的表單查詢，臺灣客家戲

劇團目前登記在案的團體雖有數十團，但較具代表性及活動力的團體約計 12 團，分佈在以客家群族為主的客家地區，主要集中至桃、竹、苗一帶，而其中榮興採茶戲劇團（鄭榮興）及文和傳奇戲劇團（劉政結），連續 6 年獲國藝會分級獎助計畫補助〔註 132〕，另有景勝（林保木）、松興（林興松）、新樂園（劉秀鳳）、金滿圓（管健仲）等獲縣市傑出團隊，其餘立案劇團如榮英（江福榮）、德泰（李小平）、貴鳳（陳鳳慧）、金龍（鄭宥明）、龍鳳園（李海通）、新月娥（劉雅如）、新藝星（王世金）、金興社（徐先亮）、藝豐園（蔡麗青）、鴻蓮園（王貴芬）樂昇（李曉鈴）、新泰鵬（曾東成）等〔註 133〕，其大多數皆以民戲外臺演出為主要劇團經營模式，少數參與客臺錄製客家戲曲節目。

為確實解決產學脫勾，國立臺灣戲曲學院提出精準的因應策略，2016 年成立客家、歌仔及音樂之「青年實習劇團」，經由產業聯手來增加實際經驗，業教並行得以縮短學用落差。

（二）外臺幕表戲

然而受經濟大環境影響，加上宮廟善款減少、資金短缺、宮廟請戲的機會降低，且又受限語言普及率，多數客家戲班一年民戲的演出量大致在 20 場上下，少數會超過 30 場以上。但有些戲班為了生存，也會到閩南庄開拓戲路，一棚戲的戲金大致在 3.5 萬至 5 萬元左右，有些戲班也為了搶戲路，戲班透過削價競爭的方式爭取演出機會，將戲金降低至一棚 2.5 萬，這不僅僅是打壞戲班行情，也讓戲班生態有所改變。

宮廟每年都有固定的戲班去演出，主要還是受限於桃竹苗客家庄一帶，臺北及苗栗以南就幾乎沒有客家幕表戲的身影存在。

有些劇團受限於企劃案的書寫，少數有能力以補助案、文化場、公演以及民戲外臺雙軌併行的經營模式，如，榮興、文和、金滿圓、景勝等劇團。現今二十一世紀在臺灣所能見到的客家戲，在外臺演出中同時保留定型劇本和幕表制即興演出模式，雙軌並行是劇團生存主要的經營方式。即使目前仍保存幕表戲劇目，多半都是作為一種文化資產而存在，或是奠定劇本

〔註 132〕自 2018 年起，原文化部「演藝團隊分級獎助計畫」移撥至國藝會辦理，包含審查及評鑑工作。

〔註 133〕苗栗地區：榮興、金滿圓、金興社、新泰鵬；新竹地區：龍鳳園、新樂園、松興、新藝星；桃園地區：樂昇、新月娥、景勝、榮英、金龍、貴鳳、德泰、鴻蓮園；臺北地區：文和、藝豐園。

戲的基礎。

（三）客臺戲曲節目錄製

客家採茶戲首度進入電視為 1970 年 4 月 4 日，由「金龍歌劇團」五位股東，說服開工廠的外省人老闆投資「臺視」製作歷史故事的客家戲節目《龍虎競孝》，由臨時組織的「合眾電視劇團」演出，黃天敏任戲劇指導，「大中華歌劇團」老闆何禮輝擔任編劇，演員有黃秀滿（小生──余文龍）、劉雪惠（江丞相千金）、徐玉妹（苦旦）、謝鳳梅（副小生）等〔註 134〕。

客家戲曲再次進入電視臺已是三十年後的事了，客家電視戲曲的徵選始於 2005 年左右，在此前二年主要以委託製作的方式，由「龍鳳園戲劇團」李永乾所製作。行政院客委會提供經費資源，請客家電視臺辦理，徵選出民間優秀的團體，來委製其演出客家傳統戲曲的節目。「客家傳統戲曲」節目，每年分上下半年度公開徵案挑選優質團隊錄製，每團以兩齣戲為限，劇本及製作團隊人員（包含編劇、導演、演員）需事先書面送審，錄製前需有一至二天的排練、客臺聘請戲曲專業教授審查初試面談等，待第二階段收到複試通知，需出席議價，整個過程通過才能進行錄製節目。播出時間在每週一至五的晚間六點半至七點，一齣戲分為五集節目播出，長度約二個半小時。

客臺戲曲節目製作流程上，不同於民間外臺幕表戲的講戲、即興的現場演出，從劇本的撰寫、送案徵選、評審劇本意見修改、演員的排練、導演的指導、導播的設計、影片的後製等，劇團要包辦劇本的撰寫、導演的尋求、文武場、攝影、導播及舞臺的設計，而後製則由另一個工作團隊統籌，製作的每道流程繁雜，通常是委任民間傳媒公司製作，客家電視臺不干涉。

客臺戲曲節目錄製，分為「精緻戲曲」及「傳統戲曲」兩種規模，兩者差別在於「精緻戲曲」須符合曾在「國家級殿堂」演出的經歷方能送案〔註 135〕，現今全臺所有客家戲劇團僅有「榮興客家採茶戲劇團」符合此項條件，其餘團隊皆未符合至國家級殿堂演出標準。除了經費差異頗大之外，製作規模也

〔註 134〕徐亞湘《母女同行──阿玉旦、黃秀滿的客家戲曲人生》，（桃園縣政府文化局出版，2011 年 3 月），頁 190。

〔註 135〕客臺徵選須知：依公視基金會與行政院客家委員會所簽訂之「2010 年客家電視頻道提供暨節目製播」勞務採購案契約書內容規定，申請本次徵案之製作單位，須邀請曾於國家級表演場所公開演出或具備相當水準之劇團參與演出。

有所差別,「精緻戲曲」評審會更嚴格把關劇本、導演以及演員學能,整體質感會與「傳統戲曲」有所差別。

「精緻戲曲」製作規格如下:

1. 集數:每單元 5 集

2. 節目實長:每集 24 分鐘、每單元 120 分鐘

3. 拍攝及交片規格:Digital Betacam

4. 播出時段:週一至週五晚間 6 點 30 分

5. 製作預算:每單元至多以 150 萬元為限(含稅)

「傳統戲曲」製作規格如下:

1. 集數:每單元 5 集

2. 節目實長:每集 24 分鐘、每單元 120 分鐘

3. 拍攝及交片規格:Digital Betacam

4. 播出時段:週一至週五晚間 6 點 30 分

5. 製作預算:每單元至多以 50 萬元為限(含稅)

電視的製作有兩種形態:「舞臺式」與「電視式」。前者將舞臺上的一切表演搬上螢幕;後者則是藉由燈光效果、佈景,增加畫面效果〔註136〕。「舞臺式」和一般劇場或外臺演出,在表現手法上較為接近,著重在演員藝術的表達;「電視式」則是在攝影棚裡營造劇中發生的時地,寫實的呈現劇中世界。而客家戲曲至今還是傾向以「舞臺式」的錄製方式執行,在表演的舞臺架設錄影機進行錄製,相較於 1962 年臺灣電視公司成立後即有的電視歌仔戲,將「寫意虛擬」的戲曲場景轉化成「寫實具象」,打造實景的攝影棚錄製,充份發揮電視媒體的特性,創造出歌仔戲商業電視的盛景,不僅開創戲曲電視產業化,也捧出許多歌仔戲名角,以及精緻化歌仔戲表演風格形式,在音樂及劇目上也有新的突破以及創新。如今透過電視的傳播,那些在年輕時就喜愛觀看客家戲曲的年長者,即便因年老身體衰退到已無法正常出門行走,也能靠電視的客家戲曲節目拾回年輕時看戲曲的這份感動與熱情,對他們而言,客家戲曲是他們童年戲棚歲月的延伸,是記憶深處難以忘懷的鄉愁,因此觀看戲劇節目成為日常生活中不可或缺的一部份。

〔註136〕王元富《電視國劇論述》,臺北:黎明文化事業股份有限公司,1982 年,頁10。

（四）全國戲曲徵選比賽

行政院客家委員會首度在 2010 年主辦「客家傳統戲曲徵選大賽」，兩年一次公開性的徵選。首次舉辦有 11 個團隊參與競爭角逐，連續三天在臺北縣客家文化園區進行徵選，第一名由新永光歌劇團以《九曲橋——伯公救主》勝出，獲得獎金新臺幣 30 萬元。第二名為演出《碧海情深》的景勝戲劇團，榮獲獎金 25 萬；第三名為新樂園戲劇團演出的《歡喜冤家》，獲得獎金 20 萬。佳作的團隊分別是德泰戲劇團、松興戲劇團及樂昇劇團，各自獲得 12 萬的獎金。大賽首次創立個人獎，以鼓勵表現優秀、力求進步的導演及演員，分別是榮獲最佳導演獎的景勝戲劇團——吳承洋，最佳生角獎的樂昇劇團——李金樺，最佳旦角獎的樂昇劇團——任海文，最佳淨角獎的景勝戲劇團——林三郎，最佳丑角獎的新樂園戲劇團——劉秋蘭。

2014 年連續兩天在苗栗銅鑼客家園區舉辦，有 8 個團隊同臺競飆，2009年立案至臺北市的文和傳奇戲劇團以《林默娘收妖》榮獲第一名，獎金 15 萬元；第二名由景勝戲劇團的《鍘美》，獎金 12 萬元；松興戲劇團則以《梁山伯與祝英臺》獲得第三名，獎金 10 萬元，其餘五個參賽團體則獲得佳作，分別是龍鳳園、德泰、榮英、新樂園、新月娥，各團獎金 6 萬元，能發現與 2010年首辦的獎金及規模有所差異，參與團隊也縮減到只剩 8 團，在現今的環境下，客家戲班反而不像歌仔戲逐年遞增，而是緩慢遞減。

2016 年客家傳統戲曲徵選在桃園市客家文化館演藝廳舉辦，這次參與的團體比前年多出 2 團，共有 10 團客家戲劇團輪番較勁，但並不是全部客家戲團都參與此競賽。文和傳奇戲劇團以《三打白骨精》蟬聯兩屆的優勝團隊，獲得獎金 15 萬元；第二名由金滿圓戲劇團以《火焰山》獲得獎金 12 萬元；第三名破先例由兩團獲選，分別是松興戲劇團《包公會國母》及景勝戲劇團《邊疆圍城》，各獲得獎金 10 萬元；四個佳作各別為榮英、德泰、貴鳳、新樂園，各獲得獎金 6 萬元。

這次年底收冬戲演出也多出一項觀眾票選活動，以觀眾投票的方式選出最佳生、旦、丑行演員，最佳小生獎的金滿圓戲劇團——吳詩淳，最佳小旦獎的金滿圓戲劇團——劉姿吟，最佳丑角獎的金滿圓戲劇團——胡毓昇，三獎最優勝的生、旦、丑行演員皆由金滿圓戲劇團獲得。

除了獲得殊榮以及獎金外，入選的團隊還能參加行政院客委會年底舉辦

的「客家傳統戲曲收冬戲」全國演出活動，展現並傳播客家表演藝術之美。收冬戲是深具客家民俗、信仰、娛樂、交際、藝術與人文的表演藝術，也是客委會「2010客庄十二大節慶」的活動之一。

【圖片說明】客家戲曲比賽評審現場評比，也能看到臺上設置有時間限制。(引用自 2014年客委會收冬戲比賽照片，地點：苗栗銅鑼客家園區外廣場)

二、受公部門補助導向「文化場」的趨勢

文化部、國家文化藝術基金會、國立傳統藝術中心以及其他各縣市政府文化局等，延續既有政策與企劃專案計畫，舉辦各個相關藝文活動以創造戲曲團體更多的演出平臺。

這種政府機關釋出的非常態性演出，都以「文藝季」、「文化節」、「藝術季」等名義來邀約演出，演出機會的形成大致可分為兩種模式：一種是由政府文化主管單位主辦，經過諮詢相關領域之學者意見，透過公關公司或承辦人員代表官方主動出面提出邀約；另一種經官方具名主辦的演出活動，則需由演出團體向官方主動提出節目企劃及經費預算，經過審查評議等流程，通過提案後再交由演出團體執行演出。

現今各縣市都設有演藝中心，在一定程度上解決了以往僧多粥少的窘境，

但團隊們其實也早已習慣各憑本事、自尋出路。儘管如此，各戲班仍會為了拿到比外臺戲還高額的演出補助送案投件。因此有能力的客家戲班在文化場的演出相對逐年遞增，其餘客家戲班卻未能承受文化場的種種壓力，長期以外臺戲生存的戲班得面臨：

1. 演出品質需「精緻化」。
2. 排練人事花費。
3. 演員不能再以幕表戲的形式演出，受限於打字幕的緣故，必須一字不差的呈現出劇本內容。
4. 演出場地的檔期租借。
5. 票房壓力。

　　有些單位的主辦方邀請劇團演出給予補助，票房收入需歸館方所有，若「票房未達標」則會罰錢，這也造成有些客家戲班不願跨出文化場的主要原因之一。如有些藝術性高可以叫好，但不一定叫座，反之市場性高且叫座，卻不一定叫好。戲班在做文化公演場時要面對的是「創作」或「市場（票房）」孰輕孰重？

　　資深劇場評論人謝東寧在一篇專題中提到：

> 文化藝術跟一般商品不同，是一種必須有基礎知識經驗，才能獲得其精神樂趣的活動，特別是劇場演出，如果沒有培養觀賞經驗，一般百姓恐怕不容易踏進這座藝術殿堂。所以政府想做大市場之前，不妨先朝培養藝文人口開始著手，有了足夠藝文消費人口，商業劇團自有其運行的機制。〔註137〕」

客家戲曲在文化場的演出雖然逐年遞增，但票房普遍欠佳，細探原因有三：其一、普遍會看客家戲曲的客家鄉親，已養成看戲無需買票的偏差觀念；其二、青年族群存在刻板印象，認為客家戲曲很落俗套，且聽不懂客語，不願意買票進劇場看客家戲曲；其三、大型公演場地僅侷限於臺北，然而客家族群多數居住在桃、竹、苗一帶，看戲得「北上」一事所附帶的負擔也隨之增加。除了歸咎於上述三點問題，還是得回到藝文人口的成長，遠不及演出節目的票房需求。

〔註137〕謝東寧〈【戲劇】「創作」？還是「市場」？藝文人口才是個問題〉，《國藝會線上誌》，2012 年第 1 期。（網路引文）。

三、客家創新戲曲

本段落要探討的並非新編戲曲，而是舊形式、舊文本結合創新元素。臺灣的戲曲創新起自於 1979 年由郭小莊創辦的「雅音小集」，王安祈在《傳統戲曲的現代表現》〔註 138〕一書中對「雅音」有過深入分析，對於「雅音」影響之後，各個戲曲劇種的創新有著重大變革以及影響。

隨著雅音的開端，目前戲曲創新已經算是取得了一定的成績，但仍面臨著艱鉅的任務。傳統戲曲中的精髓仍在不知不覺中流失，三十年來實踐證明，一昧的追求形式變化，帶給觀眾的往往是對戲曲藝術的審美退化，這樣的創新失了戲曲原有的溫度，最終只會侵蝕戲曲文化的根基。而創新是所有藝術都需面臨的問題，要發展就必須創新，一方面也是因為當代觀眾已經看膩了傳統的題材，唯有創新才能再次激起人們對戲曲的熱忱，但創新並非另起爐灶。

以下將介紹傳統結合創新的兩個演出平臺，分別為大稻埕戲苑主辦的「青年戲曲藝術節」及戲曲中心主辦的「創意競演」。

（一）青年戲曲藝術節

自 2013 年起，臺北市推廣藝文中心大稻埕戲苑為了提供臺灣的戲曲青年演員、編導創作、實驗、交流的平臺，並扶植有潛力的青年團隊來發揚新世代的戲曲創意與功底，展現當代戲曲青年的思辨精神與活力。在眾多客家戲曲團體中，唯有文和傳奇戲劇團以一群青年的演員之姿，嘗試著創新跨界的方式進行創作，只為了吸引更多青年族群進入劇場以更了解臺灣在地的客家戲曲。

文和傳奇戲劇團參與三屆青藝節的演出，第三屆以《來自三國的你》（改編自傳統京劇《長板坡》）講述五虎將之一的勇將趙子龍，單槍匹馬救糜氏與小主阿斗卻意外落入古井，從東漢末年穿越到臺灣 1981 年，與客家戲劇團身為當家女演員蕭萍妹陷入愛情，不同時代的兩人，從消除彼此之間的誤解，到克服危險追尋真愛的浪漫愛情偶像劇；第四屆以《西遊誰說了算？！》（改編自傳統戲曲《三打白骨精》）融合客家戲曲的小情小愛，將其放大成孫悟空西天取經九九八十一難的考驗，白骨精與孫悟空的愛情故事成為此次的故事線主軸，安排少女心的秀蘭和西遊記原著作吳承恩的小插

〔註 138〕王安祈《傳統戲曲的現代表現》，里仁出版社，1996 年。

曲，營造出戲中戲的番外篇，使故事合理化；第五屆以「舊典新詮」的主題，推出《張協〈2018〉》（改編自宋元南戲最古老的戲曲活化石，永樂大典戲文三種其中之一的《張協狀元》）保留原故事的癡心女子負心漢的原有架構，並且還原角色扮演的精神，從頭到尾僅由七個演員串場二個小時，一人飾多角，時而歌隊時而角色，中間的角色串場與過場十分俐落，沒有換場間的餘興，緊湊的一波未平一波起，以一場負心漢故事將其一口氣釋放給觀眾，傾瀉而出。

（二）創意競演

國立傳統藝術中心自 2017 年起，推動【創意競演】節目徵集計畫，為鼓勵各領域及各世代的創作者，以傳統戲曲表演美學為基礎展開多元創發演繹，逐步建構臺灣戲曲中心成為戲曲藝術創新首演的重要平臺。此活動分為「大表演廳組」與「小表演廳組」，入選團隊在歷經演出製作工作坊、讀劇會及試演的思維探索、劇作演進與演繹深化，最終於臺灣戲曲中心發表正式對外公開售票演出。

2018 年第二屆【創意競演】小表演廳徵集計劃，以《孟麗君》為創作主題，藉由「一桌二椅」的空間概念涵容傳統戲曲美學主體，與現代劇場或多元跨界製作模式進行編創的小表演廳組展開企畫徵集。文和傳奇戲劇團透過《女人孟》援引當代視角與探討性別議題，重新解構《再生緣》傳統文本，並採用角色和作者進行對話及辯證的方式呈現，既未超越傳統戲曲範疇而又別出心裁，歷經演出製作工作坊、讀劇會及試演的劇作演進與演繹深化，小表演廳組由集藝戲坊《孟・夢之間的時光》、文和傳奇戲劇團《女人孟》；大表演廳組由國立臺灣戲曲學院臺灣京崑劇團《琵琶行》、正明龍歌劇團《what's 黑盆》進入決選，並由文和傳奇戲劇團《女人孟》獲選為本屆創意競演的優勝作品。

在現今客家戲種種的演出態樣來看，因藝文素養的提高及普及化，客家戲勢必要達到一個高度，而幕表戲的演出形式所佔的位置已經謬謬無幾，除了外臺的演出還持續存在，客臺錄影也還保留著幕表戲的模式，但不等同於外臺。客臺要事先送案審核劇本，演員雖然會先提早拿到劇本，但身段與走位都是當天套招，或著臺上見，有問題或是導演覺得畫面不好看就重錄，形成這種「文本定型身段未定型」的表演模式，現今多數戲班還是會如此操作，在錄製現場直接來，多數戲班在客臺錄影時會直接在觀眾席上方架設字幕機，

方便演員能一鏡到底，這種看著字幕機演戲也形成一種獨特的表演模式。然而，現今客臺錄製戲曲節目還是能看到許多老藝人的粉墨登場，他們有些不識字，但劇本都是他們以往演過的戲，導演會依照著文本講戲的方式與老藝人大致說個梗概，就直接上臺錄影，所有過程還是以藝人們習慣的幕表戲方式運作著，只是不再是他們熟悉的外臺幕表戲演出環境。

第三章　客家幕表戲「內」、「外」部的運作機制

第一節　客家幕表戲演出構成條件

一、幕後功臣「講戲先生」

（一）講戲人才的養成

　　導演一詞英文為 Director，從含義來說是指引方向的人，但從具體職能來看，其主要能力是「溝通」。導演，狹義指在戲劇演出、影視製作團隊中，整合全部藝術元素的藝術生產負責人，簡言之，導演是用自我的思想、美學、技藝、性格來整合劇情和演員的人。

　　中國戲曲向來無「導演」一詞，一般來說均認為中國戲曲開始正式具有完整意義的「導演」一職，始於 1930 年京劇界的梅蘭芳訪美時，邀請了正在美國講學的張彭春擔任劇團的「導演」，做為近代「戲曲導演」的開展〔註1〕。然而，傳統戲曲在編排傳統戲的角色，工作內容與我們所認知的導演不同，是將戲曲現有的套式進行整合，通常亦稱為「整排」。客家戲發展初期亦無「導演」一詞，直到了「幕表戲」出現了專門口述講故事的藝人，我們稱為「講戲先生〔註2〕」。對於幕表戲的演出，「講戲先生」一職似乎已不可或缺，因此現

〔註1〕廖杏娥《中國「戲曲導演」之回顧與展望》，（臺北：中國文化大學藝術研究所碩士論文，1994年），頁72。

〔註2〕「戲先生」類似現在的導演，負責講戲和排戲，一般大型劇團都有戲先生，

今客家戲的發展中，所謂「導演」的任務與「講戲先生」的特質是否義同實異，便十分地值得討論。

幕表戲雖然沒有完整的劇本，但整齣戲劇的情節架構除了寫定的幕表之外，還得仰賴講戲先生加以闡述，講戲先生通常由資深的演員擔任，有時候戲班也會聘請專門閱讀古書的「先生」來擔任講戲工作。講戲的時間通常在正式演出前幾個小時，根據戲班對劇目的熟悉程度來調整。雖然這些賦子朗朗上口、便於記憶，在不同的戲及不同的人物中被不斷反復運用，儘管有套路可循、有「賦子」可用，在同一齣戲、同一角色，會因扮演者不同、默契不佳，導致道白唱詞內容有異，表演也各不相同。為了避免在演出中各編各說，就需要講戲先生來統整。

客家採茶戲班的講戲人大多固定不變；少數採取誰有題材，誰來主導，但通常大家輪流執行。「幕表制」從表面上看是一種較原始的方式，但實際上對於演員的表演能力和應變能力要求極高，同時對於演員的臨場發揮與藝術創造能力也是一種極大的釋放。

幕表戲的「幕表」只有情節骨幹和一些演出術語，並沒有對話，除非戲中情節有非得說的臺詞才會強調，整體結構如同「拼圖」，將其他戲齣的某段相似環節套路拿來套用而產生，在戲班被稱為「站頭〔cham-thau〕」。原本的詞義而言，並沒有特別指出戲裡哪一種特殊的情節或表演段落。藉由「講戲」的習慣，用站頭的觀念可以幫助排戲先生解釋劇情，也可以幫助演員理解需要的表演方式，當講戲先生說出一個站頭的名稱時，等於他已經交代了演員在舞臺上應該要有的表演內容和方法，此時站頭這個詞彙便延伸出「套路」的意義。〔註3〕

而小型劇團為節省經費開銷，多由「團主」或資深演員擔任排演工作。由於昔日演員大多不識字，既看不懂劇本，也沒有劇本可供閱讀，所以由「戲先生」負責講戲。講戲之前「戲先生」在開講前十分鐘、五分鐘各打一次鼓，接近開講時再打最後一次鼓，催促演員及後場參與聽講。「戲先生」講戲的內容僅是講授一齣戲的大綱和分幕，正式演出時演員必須即興發揮，依照大綱演出。通常演員必須將簡短的大綱加以鋪陳，演至數個小時，可見要成為一位優秀演員，都必須經過一番磨鍊之後才能擔任重要腳色。引自網路《臺灣民俗文化：「劇團的組織與營運」》網址：http://www.folktw.com.tw/drama_view.php?info=32（本文刊於《傳藝》雙月刊第 76 期，國立傳統藝術中心出版）。

〔註3〕劉南芳《臺灣歌仔戲中的活戲套路及程式語言》，臺北市：文津出版社，初版，2016 年 4 月，頁 94。

蘇秀婷在論文提及：

> 「幕表戲就是沒有劇本，只靠一張幕表演戲之謂。編劇的人並不寫
> 出完整的劇本，只根據傳說、筆記或者小說之類，把故事編排一下，
> 把它分場若干場，每一場按照故事的排列分配一些角色，有時寫明
> 上下場的次序，有時不寫，有時注上按照情節非說不可的臺詞，有
> 時連這個也沒有。排戲的時候，只要把角色派好把演員的名字寫在
> 劇中人的下面，大家聚攏來，把戲的情節和上下場的次序說一說，
> 那就編和導的責任都盡了。」〔註4〕

講戲先生通常各有專長，按部就班將唱唸和身段教給演員，有的傳授身段、
唱腔，待演員的基本功到達一定程度後，才教授戲齣。這些戲齣一般都源自
戲先生們的學藝背景，因此大部分劇目都不經過藝人大幅加工改編，屬於學
藝期間習得的啟蒙劇目。邱慧齡提出「客家改良戲的演出是以『講戲』為中
心，並沒有像京劇一般在唱腔、唸白、身段等各方面都有一定的程式。〔註5〕」
由於客家戲並無一套講求專業的程式套路，因此客家大戲演出武戲時，身段
套用京劇的程式規範套路，如起霸、趟馬、下場花等等。

　　家族環境的薰陶對於「講戲先生」的養成，有著密不可分的重要性。林
鶴宜在學刊中對此有說明：

> 演員每天聽戲，聽久了，演多了，有些就自然能夠講戲，這是戲班
> 給予的環境滋養。講戲人最根本的講戲基礎，即是他所聽過的所有
> 劇目。環境給予的調教是無可取代的，有些幸運的講戲人，更曾經
> 蒙受前輩的指導和啟發。〔註6〕

（二）講戲先生的職責

　　「講戲」在傳統舞臺所扮演的腳色，等於現代劇場的編劇、導演、戲劇
指導，甚至「舞臺監督」的綜合。在戲班，講戲先生是演出的靈魂人物，必
須同時扛下「編戲」、「撿戲齣〔註7〕」、「套戲」、「講戲」、「監督」的重責。

〔註4〕蘇秀婷《臺灣客家採茶戲之發展及其文本形成研究》，（國立政治大學中國文
　　　學系，2011年），頁189。
〔註5〕邱慧齡《茶山曲未央：臺灣客家戲──傳統藝術叢書23》國立傳統藝術中心
　　　出版，2000年，頁91。
〔註6〕林鶴宜〈「做活戲」的幕後推手：臺灣歌仔戲知名講戲人及其專長〉，2008年，
　　　頁225。
〔註7〕對於文字被寫定的劇本，熟悉這套「幕表制」的講戲先生，以分節提綱的方

過去的內臺戲導演手中都有一本「總綱」作為演員演出的依歸,「總綱」在
大陸又稱為「總講」:

> 總講:也叫「總綱」。戲曲術語。舊時演出腳本的俗稱。過去除崑曲
> 外,各劇種很少有統一的定本流傳。演員把自己的演法紀錄下來,
> 有唱詞、科白、腳色齊全的稱為「總講」或「總綱」,僅有個人所飾
> 的腳色部分唱、白的,則稱「單篇」或「單片」。〔註8〕

劇目的來源全依賴講戲先生取得,主要以「編戲」、「撿戲齣」兩種方式。在弊
帚自珍的心理因素下,演員不能抄寫講戲先生的劇本,以防外流,但會寫劇
本的講戲先生不多,加上演員必須尊重講戲先生的手抄本,導致後期客家戲
多以幕表制的講戲方式演出。在沈勇的期刊論文中也提及「撿戲齣」的相關
研究:

> 每個劇團基本上要有二、三百個戲,以應付各地的演出,因為一地
> 的上演劇碼是不能重複的(如邀請方有特殊需要除外),大量的劇碼
> 需求成為了民營劇團生存發展的瓶頸。於是很多劇團用「扒碟」的
> 辦法,把別的劇種的戲完整地從電視或者碟片上扒下來,寫成劇本,
> 排成戲上演,這樣的戲也被稱之為「劇本戲」。〔註9〕

在競爭激烈的情況下,每個戲班都要準備不同戲齣應付各地的演出,同個地
方不能上演同齣戲碼,戲班有句行話,「熟戲不做熟地〔註10〕」在新鮮劇目的
迫切需求下,以過去的劇場條件和演員特質,「講戲」就變成是唯一編創和傳
遞劇目的方式。以提綱戲的方式編排新戲快,上演新戲也快,能夠滿足觀眾
看到變化多端的劇目,不像劇本戲排一齣新戲,雖精緻卻耗費功夫精神與時
間,而能夠更換的劇目又不比幕表戲,一齣戲再多麼出色,最終還是無法滿
足觀眾的新鮮感。

　　若是演員都是同一批人演同一齣戲時,講戲先生就落得輕鬆一些,不用
重新分配角色及故事大綱,演員們也能熟悉的與自己有對手戲的演員複習即

式,快速吸收移植(稱為「撿戲齣」),並將自己覺得不滿意的情節進行增加
或刪改,成為自己的新幕表劇目,這套方式早期至現今都仍被廣泛運用。
〔註8〕參見《中國戲曲曲藝辭典》(上海:上海辭書出版社,1981 年),頁 86。
〔註9〕沈勇〈來自民間的聲音——浙江地區路頭戲現狀調研〉,《戲曲學報》,(第 9
　　　期,國立臺灣戲曲學院,2011 年6 月),頁 149。
〔註10〕林鶴宜《東方即興劇場 歌仔戲「做活戲」上編:歌仔戲即興戲劇研究》,國
　　　立臺灣大學出版中心,2016 年12 月,初版,頁 108。

可。而戲中的重要橋段，講戲先生有時用術語快速帶過，有時熟到甚至不需要再特別叮嚀，演員就能順利演完一齣幕表戲。

在黃俊琅的論文中也提及：

> 另外，若是演出成員的流動性較小，譬如，以成為習慣性分班的「固定」班底狀況下，有些搬演過的戲齣，也可能不再有「講戲」的過程，僅透過角色的分派、以及實際演出時的叮場即可較輕鬆的完成任務。〔註11〕

范揚坤對於講戲先生也提及：

> 「戲先生」並依各人身形，音色等條件分配行當。……學戲期間，女童由正旦本工的卓金貴負責教唱戲曲。男生在唱念方面的訓練，則由許吉與馮添財（九指仔）兩人負責。此外，另又有馮添財、彭學順（阿妹頭）擔任「武先生」教導訓練身段、刀槍、武功。對於戲曲唱念的練習，除由卓金貴、許吉與馮添財三名「戲先生」分別帶領童伶傳藝之外，更進一步的排練時，另會安排後場樂師加入，以作為伴奏搭配。此時，固定協助教學的樂師，即為「人班」主要的後場樂師，陳進（跛腳歹仔）、陳鍋（鍋先）、明春等三人。〔註12〕

客家戲老藝師曾先枝也指出：

> 戲先生派角色，通常是依照各人的學習專長以及扮相外型分派，我在勝春園那一批年輕人中間最年長，小孩角色輪不到我演，老生角色又有老師輩在撐，所以我就專門演劇中狠角色。〔註13〕

自上個世紀九十年代以降（1990～1999），臺灣民間宗教習俗酬神慶典活動的興盛，各大廟會每年都有固定的慶典活動，欲求讓觀眾耳目一新，戲班必須準備多齣劇目以便在舊地更換新劇目。

劉南芳在書中也提及因商業劇場的衝擊，求新求變，在競爭激烈下，講戲先生的任務相對承重：

> 在商業劇場中講求的是排新戲快、演出內容刺激新奇，能迅速抓住

〔註11〕黃俊琅《客家外臺「酬神戲」表演藝術研究》，私立佛光大學藝術學研究所碩士論文，2014年，頁13。

〔註12〕范揚坤〈新「新時採茶」──從傳習與表演實踐看採茶戲表演人才養成〉，《民間藝術綜合論壇論文集》，宜蘭：國立傳統藝術中心，2005年，頁36～37。

〔註13〕蘇秀婷、林曉英《兩臺人生大戲：劉玉鶯與曾先枝》桃園縣政府文化局出版，2011年，頁168。

觀眾口味，因此「講戲先生」的職責更重，他不僅是要負擔一齣戲
的結構完整、劇情完整……他還必須開發新的表演題材、設計新的
內容，讓演員能夠跟上競爭的腳步。〔註14〕

由於展演時間的倉促與觀眾的需求，在講戲先生無法大量編寫新劇目的
情況下，進行「撿戲齣」這套方式來增加自己的演出劇目。此種文本運用能
在短時間內生產大量戲齣，也使得客家採茶戲能夠迅速吸收外來劇目，以應
付種種需求。然而競爭激烈，為了抓住觀眾的胃口，講戲先生甚至將自身收
集的各方秘笈書寫下來，在幕表戲中的「核心場次、核心唱段」書寫成固定
套語，以「半活戲」的方式進行演出：

由於劇團間競爭激烈，講戲先生為了讓一些重點場次可以保證品
質，戲劇內容比較固定，會在重要的地方加以定型，寫出完整的四
句聯、甚至部分對白，讓演員背誦，一般可以稱之為「半活戲」，或
稱為「半講綱戲」。意指部分場次的演出內容是定型的，部分則保留
讓演員自由發揮。〔註15〕

講戲先生除了背負著整齣戲的編排以外，還身兼「編劇」一職，為達到演出
效果，將重要場次書寫成文字供演員背誦，在只有劇情梗概的提綱本加入重
要唱段或對白，這種「半活戲」的演出本，讓「活中有定，定中有活」的幕表
戲進階到另一個藝術層面，也讓需多「肉子」與「賦子」孕育而生，供後輩有
跡可循，這種「半活戲」的形式，既不會改變幕表戲的講戲習慣，同時也符合
講戲的運作邏輯，其定型的部分還是偏重於人物套語的四句聯、唱詞或是道
白，也奠定了之後劇本戲的發展。

二、具備「即興表演」的演員

（一）演員的養成

傳統戲曲的「幕表戲」和義大利所謂「幕表」即興戲劇，其「即興」是建
立在演員本身「記憶」的基礎之上：即不用固定劇本，只有一張題綱，無需反

〔註14〕劉南芳《臺灣歌仔戲中的活戲套路及程式語言》，臺北市：文津出版社，初版，
2016 年 4 月，頁 239。

〔註15〕劉南芳〈臺灣內臺歌仔戲定型劇本的發展與寫作特色〉，《兩岸戲曲編劇學術
研討會論文集》，（臺北：國立臺灣大學戲劇學系出版，2004 年 10 月），「講
綱戲與定型劇本的發展」，頁 319～329。

覆排戲，而是在演出前半小時或幾小時，由講戲先生將劇情告訴演員，演員邊化妝邊聽戲中角色的性格與故事走向，在上場前自行編排設計唱詞、念白與身段，戲演得好不好完全取決於演員自身經歷，在戲班幕表戲裡，這套體系被俗稱為「活戲」。

劉南芳在書中對活戲有明確說明：

> 「活戲」意思是指戲劇演出前，演員只憑借著講戲先生口頭講述角色配置方式、劇情大綱等作為基礎，上臺後即興發揮構成表演。演員的說白和動作有時候會由講戲先生提示，有時候需要自己設計，而表演的基礎需要仰賴過去所學習和累積的表演套路、和程式語言。這些構成並沒有固定的規範，常依據講戲先生的習慣、演員的經驗、劇場要求等隨時產生變化。〔註16〕

幕表戲演出需要仰賴的是演員累積的表演套路及程式語言多寡，演員對於「程式」有高度的依賴，對於口傳的「即興表演」而言，這種「程式」不僅是身段表演，更重要的是舞臺上的唱詞和對白。演員在記憶中儲存一定的「現成資料」，在不同的劇目但相同的戲劇情境中作臨場「排列組合」式的發揮〔註17〕，因此演員需要靠平常蒐集的各式素材以供演出使用，並非是無中生有、憑空想像的表演形式。也因為沒有固定的規範，演員在演出時與觀眾的接觸最為直接，有時甚至因應當天情況隨機即興與觀眾互動，即興演出是否成功就非常仰賴演員自身經歷，以及臨場的創意發揮。對於幕表戲演員「腹內」的重要性，劉南芳提及：

> 早年內臺戲時代，一個戲班主要找演員，有時還會考他的「腹內」，像是主角小生、苦旦等，要確定他們具備即興的能力，才能勝任「活戲」的主要演員。〔註18〕

演員訓練的方式往往採取「場上邊學邊演〔註19〕」，新手需要學習一些能在不

〔註16〕劉南芳《臺灣歌仔戲中的活戲套路及程式語言》，臺北市：文津出版社，初版，2016 年 4 月，頁 221。

〔註17〕劉南芳《臺灣歌仔戲中的活戲套路及程式語言》，臺北市：文津出版社，初版，2016 年 4 月，頁 42。

〔註18〕劉南芳《臺灣歌仔戲中的活戲套路及程式語言》，臺北市：文津出版社，初版，2016 年 4 月，頁 43。

〔註19〕若是新手演員與老藝人對戲，學習的成效更大，老藝人會帶著新手演員，清楚的節奏拋接臺詞，有時新手演員無法拋出臺詞，老藝人甚至能即時救場。

同劇目中通用的站頭「cham-thau」（亦為「賦子」），以這些站頭為基礎，逐漸延伸熟記一些基本身段、口白對話，還有曲調唱詞。張文聰老藝師在戲班的學習有生動描述：

> 剛進班學戲，先學基本。一般是早上五點鐘起來，先向老爺金身上香，簡單梳洗之後，先練習倒立拿頂，再拗腰、拉筋，一直練到十一點才休息吃午飯。過了一段時日之後，羅秀鑑老師看我們基礎打得差不多了，才又抓我們練習翻、撲等各種技巧。……讓徐賢福師伯的大兒子二花臉「阿光哥」徐仁光教我們刀槍把子，班裡會拉胡琴的外省人老生陳秋生（陳勇）教我們唱腔。〔註20〕

在成為一位專業戲曲演員之前，基礎訓練是非常重要的，凡舉基本功、毯子功、把子功等，統稱為「四功五法〔註21〕」。張文聰老藝師亦提及：

> 平時的演出任務，我們則主要是跑跑龍套，既能分擔演出人力，又能從旁學習磨練。……進班學戲的頭兩三年，雖然只能跑跑龍套、演演官將，但是我們這批包戲孩子從旁已經學習了許多前輩的演戲經驗，哪一齣戲該唱什麼，口白為何，身段動作又該怎麼比畫，我們都已經默記在心而亟欲等待表現的機會了。……〔註22〕

在學習幕表戲的過程中，不識字的演員少了文字的幫忙，只能將曾經所學的「套路程式」記在腦海中，如張文聰藝師說「我們都已經默記在心」，讓腦袋「記憶」取代文字「書寫」，當要演唱或是演出時，遇到記憶中的類似橋段，就會將這些記憶在腦海裡的套路程式組合運用，在吳語敘事山歌中，將其運作方式稱之為「盤歌〔註23〕」。

〔註20〕徐亞湘《老爺弟子：張文聰的客家演藝生涯》，宜蘭縣五結鄉：傳藝中心。2012年12月，頁33、36。

〔註21〕所謂「四功」即「唱做念打」，「唱念」在咬字吐音與行腔，講究字清腔純板正，行腔在傳情動人，其間則有賴於天然音色之質性與口法之運轉。「做打」則在「手眼身髮步」，「五法」之造詣，以肢體語言行精妙之姿韻。也就是說戲曲演員表演藝術之基本修為不外「歌」與「舞」，而歌舞性也正是戲曲之藝術本質。（引自曾永義《戲曲表演藝術之內涵與演進》，中研院──中國文哲研究所出版，2015年。）

〔註22〕徐亞湘《老爺弟子：張文聰的客家演藝生涯》，宜蘭縣五結鄉：傳藝中心。2012年12月，頁63。

〔註23〕「盤歌」也就是將聽到的、學到的山歌，或者將要演唱的山歌在「肚皮裡操練」。這是歌手最主要的編創活動，有的歌手會小聲地哼出聲，有的純粹在「肚皮」裡唱，這也是一種演唱，是一種除了歌手本人外沒有其他聽眾的演唱。

　　剛開始接觸幕表戲的初學者，在一旁觀摩學習是必經的過程。先從龍套演員（旗軍仔）演起，演龍套時也在一旁觀察前輩對於每個角色內在與外在人物的刻畫與詮釋。辛苦鍛鍊「四功五法」，顧名思義為了在舞臺上以完美的身段及良好的狀態呈現給觀眾，靠著一點一滴累積實務經驗，俗話說「臺上一分鐘，臺下十年功」，循序漸進訓練模式直到戲師傅認為達到一定基礎後，開始從有口白的配角演起。如筆者訪問歌仔戲演員周聖淵時，他也提到：

> 第一次接觸幕表戲的演出就只來旗軍仔，因為那時候劇團人手還算充足，所以就沒有被派角色。大概第二次就被派到山賊，然後講戲先生就跟我說一套山賊的套語公式，四句聯讓我背一背，要準備上臺就喊一聲「走啊」鼓佬打絲邊一鑼把我打上，然後開【七字仔】給我唱，那時一緊張就變得我唱我的、他拉他的，不搭調、脫板、走音，演員唱腔最不想碰到的全都給我碰到了，當下感覺非常丟臉，就唱的很心虛。〔註24〕

剛開始登臺演出的演員，由表演規範相對彈性的丑角入門。一方面丑角經常與主角一同演出，可以讓新演員在耳濡目染下，漸漸掌握戲劇的架構以及適用的對白；另一方面丑角也可以磨練膽量，解開不願意醜扮的心防。

　　編創即興對話與唱詞，是「幕表戲」最大的挑戰，尤其能隨機在樂師拉下曲調奏樂過門的同時，腦海中馬上拼湊出宜時宜地的唱詞且押韻，這並不是一年半載就能達成的功力，需要時間與經驗的累積，這也是幕表戲有著耐人尋味的魅力。現今大多數老戲班的藝人還是習慣演幕表戲，不習慣背誦劇本，他們認為依照劇本演出是演「死戲」，不如即興演出來得靈活且具挑戰性。然而環境的薰陶對於即興表演能力的培養，有著絕對的重要性。林鶴宜指出：

> 許多出身戲班的優秀知名演員多在極小的年紀就跟著父母在戲臺上生活，整天聽到和看到的，都是歌仔戲演出。由於廟會劇場演出

在「盤」歌的過程中，新聽到的、學到的好的套式要加入原先會唱的作品中去；前後連不起來的地方，要想方設法「補」起來；自己覺得多餘的、不精彩的部分要「扔」掉。鄭土有《吳語敘事山歌演唱傳統研究》，（上海：上海辭書出版社，2005年10月），頁247。

〔註24〕筆者訪問臺中小金枝歌劇團團員周聖淵（訪問地點：Cupgaze Café下午茶店（臺中市西區博館一街13號），訪問時間：2018年7月25日，下午2點半）。

時間相當長，這些影像和聲音對他們而言就是填滿「生活」的主要
內容。〔註25〕

在西方劇場，幕表戲的形式甚至被拿來作為戲劇創作、開發演員肢體及表演
潛能的重要方法。

傳統戲曲既定的表演程式中，演員吸收了大量定本戲的唱、念、做、打，
依自身所學，在劇中符合情節人物的情境下靈活運用，憑藉的正是這種結合
了豐富「記憶」、「腹內」的即興表演，同時考驗演員演出時的「突發狀況」與
「臨場反應」經驗，如：

1. 演出時的天氣變化，導致影響演員某些套路或動作無法呈現時，改成另一
套路或動作。
2. 廟方要求演出風格轉變，演員必須改唱曲調或改變情節。
3. 演員身體狀況不佳。
4. 演員表演火候不夠、舞臺經驗不足，也可能造成文不對題、時空錯亂的弊
病，相對的也容易造成無章法、結構鬆散拖沓的缺失問題。

幕表戲中的活戲，此活戲的「活」並非是不固定的演出形式，能解讀成
「靈活」與「可活動」的表演，部分還是依賴戲曲「固定」的程式化套路，
這些套路的運用「沒有固定性」，演員依照自身當下的情境與角色選用「適
當」的戲曲程式套路，這樣的模式好比「隨機拼圖」，演員將自身累積的戲
曲程式（拼片）隨著劇情的走向將其適當的運用，戲劇結束後完成一個完整
的拼圖。

（二）幕表戲的演出傳承機制

幕表戲的傳承得不斷的從反覆演出中學習、記憶和模仿，實踐每刻創新
與提升的過程，如觀看、參與現場演出，以及聽老藝人的口頭傳授等。劉南
芳在書中提到過去藝人的學習方法：

過去提綱戲盛行和演員受教育不普及也有部分關係；早年戲班中能
使用文字的人少，臺灣在日治時期學習漢文的人也不普遍，戲班演
員要使用文字的機會也不多，除了講戲先生有時會紀錄下來的大
綱，似乎很少有定型書寫發展的空間。

〔註25〕林鶴宜〈東方即興劇場：歌仔戲「做活戲」的演員即興表演機制和養成訓練〉，
《北藝大戲劇學刊》，（第 13 期，2011 年 1 月），頁 65～101。

雖然沒有定型書寫，但是演員心中背誦過許多表演需用的程式語言，這些程式語言可能來自俗語、諺語；來自說書、說唱、歌謠、或是其他劇種、甚至是坊間的故事書。這些語言透過老師的教導、自己的學習、模仿……逐漸存記在心中、並且應用在舞臺之上。這些程式性的語言有些原本就源自於定型的書寫，雖然大部分透過記憶、背誦來傳播使用，但是當這些語言在傳播中被記錄，又成為一種書寫。〔註26〕

臺灣有一句諺語：「父母無聲勢、送子去學戲〔註27〕」早年大多數的民間藝人因家境貧窮無奈被送入戲班學戲，且早期教育不普及，藝人們無法用文字記錄套語、程式語言，因此大多數是用「口傳心授」的記憶模式學習，有些則是觀摩臺上的前輩來學習，現在的老藝人們能「出口成章」不是沒有道理，這些都已經深深印記在腦海中，成為身體的一部分。如劉南芳在上文中所說，他們的套語及程式語言有些源自於定型的書寫，而老藝人是用記憶的方式記錄下來。現今為了能應付場上的表演需求，新生代的演員通常會有私人的筆記本用來記錄劇目的表演重點，甚至以「錄音」取代「口傳」與「書寫」，紀錄講戲先生所講述的個人臺詞或事先擬好的唱詞單片，以求唱詞能符合基本的押韻、比喻、鋪排。這些事前準備以及在場上與對手演員的互動累積，逐漸形成演員的「腹內」，而「腹內」的深淺，便決定一個演員即興演出的功力。劉南芳也提及錄音對於口傳及書寫的影響：

物質文明不斷的進步，在「口傳」和「書寫」之間，有了新的選項，那就是「錄音」的影響。錄音設備進步之後，內臺歌仔戲班「拱樂社」所寫的定型劇本可以藉由聲音被傳播。當「錄音機」普及之後，「錄音」也可以達到「書寫」的效果，幫助演員記憶、並且反覆調整自己的唱詞；不需要像過去的說唱藝人，因為不能使用文字，當他學會、或是想到一段歌詞常常需要透過不斷的背誦來幫助記憶，

〔註26〕劉南芳《臺灣歌仔戲中的活戲套路及程式語言》，臺北市：文津出版社，初版，2016年4月，頁221。

〔註27〕昔日社會有許多父母因經濟困難，不得已送子女至戲班學戲。所謂綁（賣）戲即是父母與戲班簽定契約，送子女至戲班學戲，戲班則必須支付一筆錢給孩童父母，之後孩童在戲班，戲班無需再支付任何酬勞，一直到契約期滿，才可離開劇團。

現代的「錄音機」在無形中改變了傳統。〔註28〕

科技的普及化，因取而代之「口傳」及「書寫」。筆者訪問歌仔戲演員周聖淵時，對於學習幕表戲的方法也提到：

> 我們這一輩的只要聽戲就拿手機先錄音起來，讓手機先紀錄起來，能的話順便手寫記錄一些 keyword，這樣腦袋也會順便一起記憶，若是忘記至少還有手機的錄音可以提醒。聽戲會先去抓人物角色性格，大概他能講什麼話。〔註29〕

書寫無法一字不漏的記錄所有文字，甚至有時早已沒有任何印象寫下的重點文字是什麼；「口傳」的腦袋記憶，很少人能聽一次就完全的記下所有文字內容，或許只能記住幾個有印象的套語及程式語言，有時還需要反覆詢問才得以喚回記憶。講戲先生靈光乍現的想法常常只講一次，唯獨「錄音」可以紀錄下所有套詞與程式語言，過程中甚至可以同時「書寫」加深記憶。

除了文字上的記錄，還有視覺上的觀看學習，學徒期間主要都以旗軍角色開始操作，旗軍需要長時間在臺上，可以觀看前輩的演出技法，從模仿學習，以便熟悉演出的上下場流程與動向。

除了動作的模仿學習，也需要熟悉每個朝代的歷史掌故、官銜稱謂以及神仙的稱謂等等。古代對一個人的稱謂有姓、名、字、別號、官爵、封號、封地、出生地、排行等等的區別，如「諸葛」是姓，「亮」是名，「孔明」是字，「臥龍」是號，若演員演其角色只能稱自己的名，不能稱自己的字和號，如演玄天上帝則須報「吾乃玉虛師相北極玄天上帝」；孫悟空則是「齊天大聖孫悟空」。每個角色對自己的上場報名稱謂也要有所明白，如皇帝自稱「朕」、「寡人」、「孤」；小旦自稱「奴家」；元帥自稱「本帥」；番王自稱「本王」；算命仙自稱「山人」、神仙與妖怪自稱「我乃」等；這些都是幕表戲演員必備的常識。為了方便流傳，粗通文墨的藝人手頭常有筆記，記錄這些知識，作為學習的課本。

〔註28〕劉南芳《臺灣歌仔戲中的活戲套路及程式語言》，臺北市：文津出版社，初版，2016年4月，頁222。

〔註29〕筆者訪問臺中小金枝歌劇團團員周聖淵（時間：2018年7月25日下午2點，地點：Cupgaze Café 下午茶店（臺中市西區博館一街13號））。

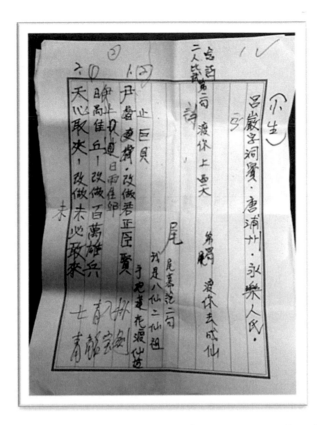

【圖片說明】老藝人將其飾演的人物稱謂抄在本子上，方便日後記憶。(圖片來源：歌仔戲導演蔡信勉提供)

　　總之，演員要經歷「學習」、「記憶」、「表演」三個階段才能最終完成幕表戲的傳承。「學習」是傳承的初始階段；「記憶」是知識的儲藏階段，這兩個是傳承的基礎與泉源；而「表演」是傳承的完成與提升，換言之，表演只先掌握了傳承不變的部分，得反覆實踐才能到達爐火純青、得心應手的變化。

三、配合「即興演奏」的樂師

　　目前臺灣的民間戲班樂師大部分為求養家餬口與環境因素，大多熟悉客家與歌仔兩個劇種；客家民間戲班樂師也都逐漸凋零，筆者在文和傳奇戲劇團演幕表戲所合作過的鼓佬：朱作民、黃建銘、王國麟、王伊汎、王伊平；文場樂師：高樂富、劉昭宏、周毓書、周毓斌、鄭雅婷、張元霖、李桂秋等人；這些樂師都有演奏客家戲與歌仔戲的經驗，少數也有北管的背景，如朱作民、劉昭宏。通常幕表戲在講一齣新戲時，文場的胡琴與武場的主鼓都會主動或

被要求聽戲，若有特別的曲調或是新編曲調，此時就會跟文武場溝通；經驗老道或是常合作的樂師就只會簡單說一下，直接臺上見，如筆者訪問資深武場樂師朱作民對此他提到「基本上是不會跟著聽戲，除非是有演到什麼骨子老戲，如《回窯》、《三國》〔註30〕」筆者訪問文場樂師周毓書也提及：

> 通常都不會聽戲，就直接臺上見，我是覺得要是聽了就沒有活戲的那種拋接了，所以要是沒有特別的站頭，我通常是不會從頭聽到尾，也不曾這樣過，因為我不是演員，我不需要知道那麼細部的內容，重點演員會打暗號給我們，所以聽只是多一功。〔註31〕

通常骨子老戲或是站頭，都是經過淬煉提升的定本戲或是固定橋段，演員、樂師大多將其成為「腹內」資料庫，骨子老戲及特別站頭有它穩固的東西在裡頭，不能像幕表戲任意變化，因此樂師要確認有哪些固定的橋段得「做死」；其餘橋段都能即興操作。

通常演員出臺前會待在出場口讓文武場樂師看見，並給「肩膀」讓文武場與演員能互相配合演出。在本論文第四章第二節「術語分析與表演特色」將說明演員給樂師「肩膀」分為「視覺性」與「聽覺性」兩類型。

文武場樂師必須與演員保持高度配合以順利進行演出，然而一般民間劇團樂師都不固定，特別是到了大月，人員調動困難；只有少數戲路較多的劇團能先將一年的外臺時間過給樂師，這樣也就有固定樂師能配合及培養默契。筆者在訪問歌仔戲演員周聖淵時，他也提及固定樂師的重要性：

> 像我們劇團就有長期合作的樂師，配合時間久了，大家也都有一定的默契，而節奏也都配合得特別好，這樣演起戲來就特別輕鬆，這真的有差，樂師鼓介的節奏會跟演員的話，會讓你省很多力氣做戲。只要我們劇團在大月要分班的時候我就很怕分到二班的戲，因為樂師都是臨時調來的，大家也都沒默契，演起戲來就很累，不然就是都已經打暗號了還是不給鑼鼓，每當遇到這樣的情況我就會一直瞪他，直到他發現為止，然後那天演出完一定燒聲。〔註32〕

〔註30〕筆者訪問資深武場樂師朱作民（時間：2018 年 9 月 12 日晚上 6 點，地點：板橋大井頭福德祠）。

〔註31〕筆者訪問文場樂師周毓書（時間：2018 年 9 月 12 日早上 11 點，地點：板橋丹堤咖啡（新北市板橋區民生路二段 237 號））。

〔註32〕筆者訪問臺中小金枝歌劇團團員周聖淵（時間：2018 年 7 月 25 日下午 2 點，地點：Cupgaze Café 下午茶店（臺中市西區博館一街 13 號））。

文武場伴奏樂師的素質高低，會影響演員舞臺上的演出表現，好的搭配更可以激發出演員的功力。對於固定的樂師筆者訪問文場樂師周毓書：

> 有固定的配合夥伴有差，因為長期合作會有默契可以相互猜到對方要幹嘛，今天這個站頭要打什麼鼓介，戲裡的站頭都是固定的，音樂雖然可以選擇，但是我們有默契就會知道我們互相會選的歌是什麼。〔註33〕

文武場的默契配合得宜，演員就容易掌握節奏，對於幕表戲演員而言，武場的鑼鼓點、文場的跟腔是表演的重大助力，甚至是安全感的來源，成功的演出是仰賴演員與樂師的相輔相承。

【平板】為客家大戲的主要唱腔之一，在客家外臺戲中，樂師通常以【平板】演奏，再由演員決定是否演唱【平板】或自行轉唱其它唱腔，樂師再跟隨更換。〔註34〕在歌仔戲的幕表戲也有相同的例子：

> 一般你沒去跟樂師安歌的話，他們就只會拉【七字調】（問：那樂師會拉你不會唱的調嗎？）大致上是不太會去拉你不會的，除非是有跟他對過，但你自己忘記怎麼唱就有可能，要是有時沒跟樂師安歌，你就可以硬轉回來你要唱的，樂師就會馬上拉回跟著你。〔註35〕

樂師在以「演員中心」的幕表戲裡，扮演著和演員搭配的角色，發揮了協助和支持的作用，指導演員練唱熟記曲調旋律，另一方面讓新手演員習慣和樂師搭配。對於背景音樂的演奏選曲判斷，資深武場樂師朱作民提到：

> 其實都是看演員在講口白的鋪疊，然後去判斷他等等口白講完是否要下歌了，但有時也會有判斷錯誤的時候，然後發現演員沒有要唱，我武場這邊就會把音樂收掉，我們會先去預設立場，這也是樂師在幕表戲中所扮演的功能。〔註36〕

文場樂師周毓書更具體地舉出例證：

> 其實真的是看感覺比較多，然後我通常都不會彈的太傳統（指：

〔註33〕筆者訪問文場樂師周毓書（時間：2018年9月12日早上11點，地點：板橋丹堤咖啡（新北市板橋區民生路二段237號））。

〔註34〕黃俊琅《客家外臺「酬神戲」表演藝術研究》，私立佛光大學藝術學研究所碩士論文，2014年，頁89。

〔註35〕筆者訪問臺中小金枝歌劇團團員周聖淵（時間：107年7月25日下午2點，地點：Cupgaze Café下午茶店（臺中市西區博館一街13號））。

〔註36〕筆者訪問資深武場樂師朱作民（時間：2018年9月12日晚上6點，地點：板橋大井頭福德祠）。

彈電子琴），會把我之前聽過的一些流行老歌旋律拆解，然後看是
什麼情境就下什麼【串仔】，我通常都是自己亂編，但是都會在氛
圍跟情境裡面，好讓演員進入情緒。像是我昨天演出，演員在臺
上講臺詞，接著下一個出臺演員提示我說要唱【都馬調】，我突然
來一個靈感，用【都馬調】的前奏主幹，編了一個【串仔】，然後
順勢接那個演員出臺唱都馬，這就是我自己先丟出一個東西，演
員順勢把他接起來。〔註37〕

除了演出前的協助，上臺後樂師得無論如何去填補演員的空拍及背景音樂的
氣氛營造，這攸關演員在演出中情緒醞釀的助力條件之一。

　　幕表戲演奏不單單是靠一人就能獨立完成，對於文武場的合作關係也特
別重要。武場的頭手鼓扮演極其重要的角色，他是團隊中的領導象徵，樂師
跟隨鼓佬的鼓槌子指示進而下奏，但在幕表戲的演出中卻不全然由武場做主
導，對此武場樂師朱作民說：

這不一定，因為沒有經過編排，然後有時演員要唱歌，有些氣口的術
語現在來說已經很難去劃分了，所以要是不確定演員唱什麼，我就會
打一段鑼鼓把演員送出臺就停止，讓文場下歌曲我在跟。〔註38〕

演員與樂師的合作通常是演員直接在場上給「肩膀」。演員在上場門未出臺
時，文場樂師能最先看到演員的形象，或是演員會直接以嘴形及手上砌末給
「肩膀」，因此文場樂師會比鼓佬更快接收到演員的訊息。對此文場樂師周
毓書也指出：

公演的話就是依鼓佬，但外臺就不一定，其實就是要互相配合以及
默契，有時會有觀念不同的時候，有默契也不一定有用，比如我會
認為這邊要慢奏，但是鼓佬就會覺得要快奏，所以也會有理念不合
的時候，文場都要清楚武場樂師打出的「介頭」，介頭就像是一個
提示，所以我們要去背每一首歌的介頭及開法是什麼，背的多寡就
看個人的努力了，不然你會不知道武場在打什麼，但現在也說不準
了，以前是都會有固定歌曲的介頭及開法，但現在因為公演的一些

〔註37〕筆者訪問文場樂師周毓書（時間：2018年9月12日早上11點，地點：板橋
　　　　丹堤咖啡（新北市板橋區民生路二段237號））。
〔註38〕筆者訪問資深武場樂師朱作民（時間：2018年9月12日晚上6點，地點：
　　　　板橋大井頭福德祠）。

改良，有些歌也出現了不同的「介頭」，像是【風蕭蕭】一般傳統的都是「導板頭」開，但現在也有直接「抽頭」就開的，所以很多東西即使背死了他還是會有變化，所以我們也要一直跟著變化，雖然背固然重要，但有時也要會活用，就跟演員的「腹內」一樣拿出來也可以臨時做變化，以現在的環境來說，很多東西都已經沒有對或錯，只要大家能夠演奏能相互了解就都行，武場給了一個鑼鼓，我順勢接一首歌，這種丟接要是有連起來就會特別有成就感，你丟我撿、我丟你撿特別有趣。其實沒有誰主不主導，這也是不完美的地方，平衡度不夠，文場強武場弱或是武場強文場弱，其實說難聽一點就會變成弱的那一方成為隱形人，我有聽過文場很強，然後晚上演胡撇仔唱流行歌，武場節奏打不好，文場直接跟武場說你休息不用打，他就用電子琴的效果器自己邊彈音樂邊做出鼓聲。這樣很不好，非常不尊重，根本是羞辱，如果真的比較不會就配合會演奏的，因為演戲是集體性的活動，不是個人秀，一個人效果不會比較好，所以我自己是覺得沒有誰主不主導，只有如何互相配合完成一齣戲。其實戲班很常遇到，有時大日子不好調人，就會發生文武場不平衡的問題，所以就要學習如何互相配合。然後我自己也會判斷，武場能主導我就會配合他，然後真的不行，我就會先走在前面讓他跟，像是我跟朱作民合作，有時他會主導先走，但我有時看這邊可以轉樂了，如果他還沒有要轉的意思我就會試著提示他先轉個音，要是他也跟著那就轉過去了，要是他有意識到我的提示但沒有要轉，我就會配合他再轉回來，這就是互相配合，每個人對戲的感覺不一樣，所以就互相配合是最好的合作方式。〔註39〕

周毓書在訪談中說明，幕表戲演出所靠的是「默契配合」以及「互相包容」的方式，任何一人的「突出」並不會造就完美的演出，靠的是團隊的互相合作完成每一次的演出，每個人對戲的感受有所不同，藝術無對錯之分，只有互相配合才是最實在的。

　　外臺戲屬於鏡框式舞臺，觀眾位置在舞臺的正前方；至於後場位置，外

〔註39〕筆者訪問文場樂師周毓書（時間：2018 年 9 月 12 日早上 11 點，地點：板橋丹堤咖啡（新北市板橋區民生路二段 237 號））。

臺通常是文場在右邊下場門（入相，觀眾面向舞臺之右側）稱之為「文邊」，武場在左邊上場門（出相，觀眾面向舞臺之左邊）稱之為「武邊」。因文武場位置的分配導致演員出臺前通常第一個看到的是文場樂師，因此當演員出臺「喊介」要開唱時，武場樂師即使有聽到「喊介」，還是會跟文場樂師再次確認過。對於外臺文武場位置的分配有何作用與意義，資深武場朱作民與文場樂師周毓書指出：

> 外臺有分文邊、武邊；出將、入相，為什麼打鼓佬要坐在上場門武邊，因為演員要打暗語這樣離打鼓佬比較近，那文場為什麼坐下場門，因為他在斜角，演員在上場門可以直接看到文場這邊，並跟文場說要唱什麼歌，再由文場打暗號給武場。〔註40〕

> 其實我也不清楚，沒有特別去問過，然後也有會坐在一起的，但有些戲班老闆會覺得坐一起另一邊空空的難看，有時也會因為天氣的關係，像是會滴雨、曝曬更動位置，但事實上有什麼意義我還真不曉得。像是出臺前打暗語都已經亂了套了，照理來說應該是要打暗語給武場，通常演員在上場門雖然離武場很近，但是眼睛都會先看到文場，甚至有些都懶得探頭跟武場說，所以久而久之就變成演員先打暗語給文場，文場再跟武場提示，但其實是要先跟武場說，因為要先讓武場下鼓介才對。〔註41〕

對於文武場的位置並沒有太大的意義存在，只在於給「肩膀」的方便性，但周毓書說到「現在都已經亂了套了」，似乎也無太大的說服力，周前面也提到現在幕表戲的演出已經沒有對錯之分，能配合把戲走下去才是最主要的。

　　早期三腳採茶戲的伴奏樂器只有胖胡〔註42〕一把，並無打擊樂器；之後向其他大戲劇種學習，在文場方面增加二弦，武場方面則增加打擊樂器；其中文場人數有兩人，一人負責胖胡、一人負責二弦；武場人數則為一人，包辦所有打擊樂器。早期武場並不使用鼓，以小鑼、鈸、敲仔、鑼為主，而採茶戲過渡到內臺時期，文、武場伴奏樂師至少有七人，文場四人、武場三

〔註40〕筆者訪問資深武場樂師朱作民（時間：2018 年 9 月 12 日晚上 6 點，地點：板橋大井頭福德祠）。

〔註41〕筆者訪問文場樂師周毓書（時間：2018 年 9 月 12 日早上 11 點，地點：板橋丹堤咖啡（新北市板橋區民生路二段 237 號））。

〔註42〕胖胡即中音椰胡、大椰胡，就是冇弦，是胡琴第 2 把手，定弦純 5 度。

人，現今因經費與人員調度困難，大部分客家民間戲班的幕表戲演出樂師減少至文武場各兩人（主鼓、下手、胡琴、電子琴），近年更是已經簡化到武場一人（單打〔註43〕）、文場一人（電子琴）。對於文武場的配置資深武場樂師朱作民說：

> 早期的配置就是傳統四大件，主弦、廣弦、笛子、月琴，武場就是板鼓、大鑼、小鑼、鐃鈸，以前文場會兼武場，像是大堂鼓跟小堂鼓都會由文場來兼，笛子兼嗩吶。早期樂隊編制較齊全，大致 7～8 人，20 年前，戲金跟現在差沒多少，但工資比較低，一個打鼓佬工資一天差不多在 1300，但現在要 3000 以上，為了搶戲路，劇團會削價競爭，導致戲金無法拉高，品質也跟著下降，品質下降也就沒人願意再看戲了。以前是因為娛樂只有看戲，當時文武場編制齊全，相對品質也會提升，演員就會要求自己，觀眾也會喜歡看，戲路會少的原因是戲金低、沒觀眾、演員不會要求自己，因為戲金拉不高，當然人數就只能縮編，才會演變到現在的編制。〔註44〕

文場樂師周毓書也提及：

> 聽我老師說，大概 20 年前，文場四個（胡琴兩把、笛瑣、三弦或是其他的管弦），武場三個（主鼓、兩個下手），共 7 個人，但因為胡撇仔的影響，所以漸漸出現電子琴、爵士鼓、小喇叭、沙克斯風這些西洋樂器。我 17 歲進入戲班時，也就是 19 年前，那時候文場就已經只剩胡琴、電子琴兩種了，武場那時還是有主鼓配兩個下手，之後因為經費的關係，漸漸就只剩下一個下手。單打一開始是只有南部有，北部不能接受，電子鼓以前我開始接觸時有出來過，但是沒有人可以接受，打出來的聲音不真，效果不好，但後來因為一個人就能取代武場的配置，也方便攜帶，又再次出現了。文武場配置會演變成現在這樣，主要原因都是因為經費。

〔註43〕「單打」意指一個人負責所有武場樂器，如板鼓（單皮鼓）、通鼓、手板、梆子、大鑼、小鑼、鈸，但若以電子鼓就簡單許多，一個平面板可以打出各式的武場樂器聲音。

〔註44〕筆者訪問資深武場樂師朱作民（時間：2018 年 9 月 12 日晚上 6 點，地點：板橋大井頭福德祠）。

（問：廟方扮仙不會要求要嗩吶嗎？）其實現在北部都漸漸可以接受了，沒辦法！因為經費有限，這是戲班跟廟方的說法，所以到後來廟方也就沒話說了，還是有些會要求，像是宜蘭也有要求要雙吹的，因為單吹是吹死人，雙吹才是神明。有些漸漸可以接受的問題也是悲哀，因廟方漸漸傳承給年輕人，他們已經沒有原本的觀念了，覺得戲能動起來就好。〔註45〕

經費是造就文武場配置多寡的最重要原因之一，經費高則文武場配置就豐富，經費低就只能文武場各一的悲慘現象，這也會造成幕表戲演出品質的問題，戲金不再有提高的可能性，未來只會越來越低，因此幕表戲文武場各一的配置儼然已成為不可改變的事實。

因皇民化運動的「禁鼓樂」政策，戲班為求生存改以西洋樂器演奏，之後為求熱鬧，民間藝人也就延續了西洋樂器的使用。在外臺幕表戲的演出中，爵士鼓與電子琴已經成為常見又缺一不可的樂器，甚至在中南部一帶，電子鼓取代傳統鼓的趨勢更加明顯可見；北部武場樂師有些以爵士鼓搭配傳統鼓的方式打擊，如筆者在文和傳奇戲劇團合作過的武場樂師：王伊汎、王伊平。有些則是直接以電子鼓居多，因為比較輕便，組裝也快速。對於電子鼓已經佔據了現今幕表戲演出的主要武場樂器，武場樂師朱作民說：

其實說到這個，我覺得悲哀啊！會用到電子鼓也是逼不得已，第一，牽扯到經費問題，第二，人才零落，我自己是非常不贊同用電子鼓，傳統鼓有它的味道，樂器都有他「真」的聲音，但電子鼓它是透過音響喇叭傳遞出來的聲音，不是「真」的聲音，再來，傳統鼓會有「捂音」，或是一些輕重音的技巧，電子鼓是做不出來的。我覺得用電子鼓對演員與樂師都是一種傷害，年輕一輩會不了解真正的傳統是什麼，造成有些氛圍的東西給不出來，我個人是非常不喜歡。〔註46〕

〔註45〕筆者訪問文場樂師周毓書（時間：2018 年 9 月 12 日早上 11 點，地點：板橋丹堤咖啡（新北市板橋區民生路二段 237 號））。

〔註46〕筆者訪問資深武場樂師朱作民（時間：2018 年 9 月 12 日晚上 6 點，地點：板橋大井頭福德祠）。

【圖片說明】圖為鼓佬朱作民，武場以電子鼓單打。（圖片：筆者攝）

【圖片說明】圖為鼓佬王伊平，圖中可以看出一人操作傳統鼓配合爵士鼓的「單打」，其中最特別的組合是用傳統的鐃鈸裝在爵士鼓的 High hat 上。（圖片：王伊平提供。）

【圖片說明】圖為鼓佬朱作民，傳統鼓與爵士鼓搭配。（圖片：筆者攝）

在即興樂師的整體訪談中得知，要當上一個幕表戲樂師沒那麼容易，與演員都要熟記大量的套路，不是隨隨便便就可以上臺演奏。過去比較照著路數走，現在較沒有這樣的要求及規定，也無對錯之分，戲能走、能演是基本目標，很多原本規定的套路也很難再被規範，對於幕表戲樂師來說，幕表戲就是臺上直接「見招拆招」，考驗臨場的反應與互相配合的機制。

第二節　民間廟宇與外臺戲班的連結

1960 年代前後各種新興娛樂興起，衝擊著傳統文化，尤其電視、電影出現之後，客家內臺改良戲遭受嚴重的市場衝擊，雖因此逐漸沒落，但並未遭受挫折就此停擺。改良戲藝人轉向外臺酬神戲發展，為遵從原有的外臺戲劇演出生態，除娛樂性質的演出外，也依附著廟會慶典的宗教需求，因此仍有它的延續發展空間。外臺戲與內臺戲最大的差異在於演出前要演酬神的扮仙戲。客家戲藉著內臺豐富劇目、改良唱腔、提升演員素質等手段，逐漸攻佔亂彈、四平的酬神戲舞臺空間；轉向外臺場域後，客家戲受演出空間限制而略為改變，演出形式已非昔日的內臺連臺本戲，而是以一臺戲一齣戲為主。

演出分三個時段，如早上九點至十點之間扮仙〔註47〕；下午兩點半演正（日）戲；晚上七點半演夜戲。

　　民間廟宇是臺灣地方聚落的特色之一，臺灣許多街市的發展，尤其與當地的宮廟密切相關。戰後隨著臺灣工業化的發展，許多人口由農村流向都市，使得都市內的寺廟與社區居民之間的關連性有弱化的傾向；但是在農村裡，寺廟和地方居民之間的關連性仍非常強韌。

　　村莊宮廟是由村莊中的居民共同建立的寺廟，居民對廟宇祭祀活動的參與有義務性；在歲時節慶除了拜拜之外，有時廟方會請來客家戲班，吸引群聚的居民與流動的小攤販，這種場景是許多人的共同記憶。

【圖片說明】神明壽誕信徒準備三牲四果祭祀神明是民間廟宇常見的活動（圖片來源：竹東惠安宮 2017 年 10 月 7 日，筆者攝）

　　民間信仰或信奉道教的廟宇，為了因應每年宮廟祭祀活動的正常運作，一般多設有「爐主」，供信眾登記，再擇日向神明公開卜筶，請示神明意旨，以卜得最多筶杯者獲得「爐主」的頭銜。

〔註47〕有時時間不一定，要以廟方為主，通常是等待廟方擲筶請出神靈後即可扮仙。

【圖片說明】「擲筊選出新任爐主」，每年一次的擲筊由擲出聖筊最多者為今年的爐主
（圖片來源：新竹榮華里福德祠 2017 年 10 月 9 日，筆者攝）

　　一般爐主多會因應宮廟的需求，協助下一年度或下一屆的年度祭祀活動。
簡言之，所謂的爐主，就是神明所點選的年度信徒祭祀活動代表，專門協助
該年度的宮廟祭祀活動者，包括協助籌備祭祀活動的樂捐活動、請戲。

【圖片說明】以「樂捐」的方式來集資戲金請戲班演戲，圖片來源：竹東惠安宮 2018
年 2 月 21，筆者攝。

項目	金額	項目	金額
收入調金.緣金	361890	支出	
蓮華寺補助	100000	法會道士金	73000
鄭書進贊助	2500	跟拜小工2人X2天	8000
莊尚霖贊助	2500	大戲及賞金	43000
郭五合贊助	2500	客家點心	8000
彭陞雲贊助	5000	冰8桶x800	6400
總收入	474300	交通指揮6人	6000
		蓮華寺工作人員	9200
支出		添蓮華寺香油金	10000
印刷通知單.調単.獎狀	14400	賞神豬紅包	34200
東平里緣金	3000	木板.垃圾袋	570
東海商行米店	25950	礦泉水15箱	1500
磅神豬工資	6000	便當160x80	12800
紙路(大士組)	25000	西點2天320x80	25600
法會六秀	43000	8/14早上素菜	1000
執筆	2000	總支出	471620
香辦2人X2天	16000		
歌舞綜藝團	15500	結餘	2680
林章沈布棚戲台桌椅	6500	恩勞工作人員	0

【圖片說明】竹東東海里106年蓮華寺慶讚中元收支表，圖中有列出大戲及賞金的金額。（照片來源：竹東東海里2017年10月4日，筆者攝）

　　然而被神明選為當年的爐主者，其應盡的義務之一為參與分擔祭祀費用，以及向村莊信徒挨家挨戶收取「丁口錢〔註48〕（又稱福份錢）」來籌辦該年度宮廟重要的祭祀活動。

一、宗教儀式「吉慶戲」

　　臺灣民間外臺的酬神活動，歷來與宗教信仰、歲時節慶、生命禮俗有密不可分的關係。為此，民間演戲除了基本的娛樂功能之外，更具有祈福與酬

〔註48〕民間祭祀最基本的組織型態。丁是男丁，口是女性。傳統社會的祭祀以村莊為單位，而村莊中的基本單位是家戶，理論上每家每戶都要納入村莊的祭祀組織，家戶以家長為代表參加頭家爐主的卜選，分擔祭祀事宜，而家戶中丁口則作為分擔祭祀費用的計數方式。口是指已婚婦女而言，男丁則不分老少。通常口錢只有丁錢的一半，未婚女性則不需盡繳納祭祀費用的義務，可見已婚女性在傳統社會的公眾事務參與上，只能算是半個社會人，而未婚女性則沒有社會人格。近年社會風氣大開，男女平權的觀念愈來愈普遍，丁錢與口錢已無差別，不分丁口，依人頭繳費的方式居多。（林美容，〈臺灣的民間信仰與社會組織〉，收於《臺灣人的社會與信仰》，「臺灣本土系列二」38，1993年，臺北：自立晚報社。）

神的宗教意義，俗諺說：「誤戲誤三牲〔註49〕」意謂耽誤演戲等同耽誤祭典儀式，可見演劇活動在廟會慶典中的重要性。

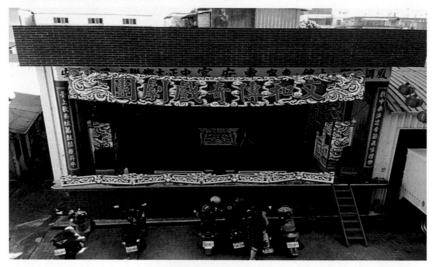

【圖片說明】演戲酬神是地方廟宇常見的廟會活動。圖片來源：竹東惠安宮前石製戲臺的客家戲演出，2017 年 10 月 7 日，筆者攝。

　　民間祭典和酬神的需求成為客家幕表戲賴以生存的舞臺，如：節令、神佛聖誕、廟宇慶典作醮、謝平安與祭祀時演戲，在宗教上的意義遠遠大過了欣賞價值。因此廟宇請戲所賦予戲班最重要的任務，就是演出「扮仙戲」，俗諺：「做戲不扮仙，戲金免付。〔註50〕」文場樂師周毓書也指出：

> 外臺最重要的就是扮仙，因為扮仙是要給神明看的，所以這不能隨便、亂來，不能扮到奏樂奏不下去，以廟的立場也是會覺得扮仙完成他們的祭典儀式，其他的日戲、夜戲主要都是給在地或是外地觀眾娛樂欣賞的，所以也是為什麼廟方不請康樂隊，因為他們沒有扮仙。〔註51〕（筆者的認知：扮仙是連接神明與信仰圈的儀式，象徵信仰圈接受神明的祝福）

〔註49〕遇有神誕廟會，必要「扮仙」才算正式和隆重，假如因為聯絡失誤，戲班未能前來演出，等於耽誤了整個慶典儀式，故言「誤戲誤三牲」。如有發生耽誤廟會演戲情況，要將班長（戲班與廟方的仲介者，今稱為經紀人）綁在戲臺棚柱上，以示懲罰。

〔註50〕張涴喻《北管扮仙戲〈長春〉之研究》，國立臺北藝術大學音樂學研究所，2017年音樂學研討會論文，頁7。

〔註51〕筆者訪問文場樂師周毓書（時間：2018 年 9 月 12 日早上 11 點，地點：板橋丹堤咖啡（新北市板橋區民生路二段 237 號））。

客家庄的扮仙時間大都訂在早上十點左右，但是如果廟方的神還沒請回來，也會訂在中午；另外也有特別於晚上扮仙或在子時加演扮仙戲的情形。謝一如也提到客家地區有扮早仙的習慣是因為這個時辰（九點到十一點）最「美」，且上午拜的是「陽神」，下午拜的是「陰神」，所以要早上扮仙〔註52〕。蘇秀婷也指出：「客籍聚落的寺廟為「扮早仙」的慣習，即在正戲開演前，於上午十點半左右演出半小時左右的扮仙戲〔註53〕」而歌仔戲的扮仙時辰有很大的不同，蔡欣欣對歌仔戲扮仙時間亦指出：「閩南地區通常是下午演出歌仔戲之前才會演扮仙戲〔註54〕」地方民眾、廟方祭典和戲班扮仙在此形成一個相互連結的網絡，他們有一個說好的「時」要共同進行活動——廟方有典禮，民眾要準備參拜，而戲班必需準備扮仙。這個說好的「時」並不是完全固定的，在宗教活動中除了「人」之間的交流，更有「神」，跟神有關的因素一些臨時未知的變動可以被接受〔註55〕。在客家庄有時也會發生不是扮早仙的狀況，黃心穎指出：「有時候廟方向神擲筊，或請道士選出的良辰吉時不是早上，廟方也可能讓戲班中午或晚上扮仙〔註56〕」。

　　歌仔戲沒有扮早仙的習慣，通常都是在日戲開演前演扮仙戲，而扮仙的時間可以抵正戲時間，若是扮《三仙會》以半小時來計算，這樣正戲就只要演一個小時又三十分鐘即可。這對歌仔戲演員有個方便之處，筆者訪問歌仔戲演員周聖淵時，他指出：

> 我們歌仔戲都不扮早仙的，通常都是下午正戲開演前才扮，有時候我們班下午的戲沒演過不太熟，為了以防萬一時間演不夠，我們就會把扮仙戲的時間延長，福祿壽三仙一個一個慢慢的出臺鬥四角，光是扮仙就可以拖將近 45 分鐘左右，這樣正戲演起來就不會有時間上不夠的壓力。〔註57〕

〔註52〕謝一如〈臺灣客家戲曲之發展與演變〉，收錄於謝一如、徐進堯《客家三腳採茶戲與客家採茶大戲》，新竹竹北：竹縣文化局出版，2002 年，頁 200。

〔註53〕蘇秀婷《臺灣客家採茶戲之發展及其文本形成研究》，（國立政治大學中國文學系博士學位論文，2011 年），頁 126。

〔註54〕蔡欣欣《臺灣歌仔戲史論與演出評述》，里仁書局出版，2005 年，頁 52。

〔註55〕謝佳玲《客家戲班的文化展演：以新竹地區三個客家戲班為例》，國立中央大學客家社會文化研究所碩士論文，2010 年 6 月，頁 47。

〔註56〕黃心穎《臺灣的客家戲》，臺北：臺灣書店，1998 年，頁 119。

〔註57〕訪問時間 2018 年 7 月 9 號，地點：士林區前港公園。（周聖淵為臺中小金枝歌劇團演員）。

外臺酬神戲在正戲開演前，必須表演一段「吉慶戲」，民間俗稱為「扮仙〔註58〕」。在中國各地也有吉慶戲的演出，比如廣東的「例戲」、江浙地區的「討彩戲」和「口彩戲」、莆田的「弄仙」、閩南、臺灣的「扮仙戲」等。扮仙戲是臺灣民間外臺戲的開場戲，此部分對外臺戲班來說是非常莊嚴的一個儀式，曾聽老藝人表示：「扮仙戲要是沒演好，後面的戲一定會有失誤狀況發生」。

二、「吉慶戲」的戲碼

吉慶戲有多種形式，可分為神仙戲與人間戲兩部分，神仙戲內容大多是天上神仙相邀前往華堂祝賀的故事；人間戲則為歷史人物功成名就闔家團圓的故事。

常見的神仙戲為《三仙會》，其次為《醉八仙》，然而《天官賜福》、《蟠桃會》、《富貴長春》、《大拜壽》、《太極圖》、《五福天官》及《金牌仙》則較少演出，主要也很少戲班會扮，形式也比《三仙會》和《醉八仙》來的麻煩，因此在外臺舞臺上已不復見。人間戲種類有《加官》、《封王》、《封相》、《卸甲》及《金榜》，其中《加官》、《金榜》是扮仙常演之戲，其它戲碼則較少見；至於要以何種形式展演則由廟方決定，若廟方未指定，就由劇團自行選擇。目前外臺演出，多數劇團選擇《三仙會》，少數會扮《醉八仙》；《三仙會》只有簡單唸白、曲牌，演出時間最短，且戲班絕大多數都有《三仙會》整齊成套的服裝、頭飾，少數會有《醉八仙》的成套服飾，通常八仙服裝都是拼湊而來，整體不一致，為了美觀，戲班扮《三仙會》相對最普遍。

以下筆者以《三仙會》及《醉八仙》等扮仙儀式來說明演出表演特色。

（一）《三仙會》

《三仙會》又分為三齣套：第一齣《三仙祝壽》、第二齣《跳加官》、第三齣《金榜（尪某對）》「三齣套」演完才算正式扮完《三仙會》。

1. 第一齣《三仙祝壽》

劇情描述某寺廟神明千秋華誕，福祿壽三仙下凡前往慶賀，其過程條列式如下：

（1）福祿壽三仙各個依序上臺，順序為福仙→祿仙→壽仙，唸定場詩，作自

〔註58〕所謂的「扮仙」顧名思義就是演員扮演天上的神仙（福祿壽三仙），向神明祈求賜福。

我介紹，福仙說明今日乃某廟宇某神明千秋華誕，說一段「吉祥祝詞」。

（2）福仙邀請二位老仙一同駕祥雲前往華堂祝賀，曲牌下，三仙齊做「一翻二翻〔註59〕」來到華堂。

（3）三仙到了華堂，福仙獻喜神；祿仙獻麻姑；壽仙則獻出白猿或財神，並各祝福四句贊語。通常喜神會由第一家（大部分都是正戲的男主角）先出臺做落干身段（外臺稱此為洗臺）再引第二家上臺，兩人做「四門鬥〔註60〕」引出三、四家，四人整冠完畢後，福仙念四句贊語，四位喜神做「編辮子〔註61〕」隊形下臺。麻姑亦是如此，由第一家先出臺做落干身段，引出第二家做「四門鬥」引出三、四家，四人整冠完畢後，祿仙念四句贊語，四位麻姑在曲牌【上、下小樓】中做隊形下臺。接著白猿依序由上下場門翻出臺、打猴拳、做「骷髏毛趴弧入洞地蹦〔註62〕」壽仙念四句贊語後，依序走「小排頭〔註63〕」亮相完後眾人出臺齊拜壽。

（4）三仙獻寶完畢一同拜壽，眾人齊唱【清板】，拜壽完畢各歸天庭，依序為白猿、喜神、麻姑、三仙〔註64〕。

2. 第二齣《跳加官》

通常跳加官的人都由福仙扮演，演員著官服、戴官帽，口咬面具、手持奏板（也稱牙笏〔註65〕）上場。演出重點在於演員配合武場的「小鑼」鑼鼓點作身段，並沒有音樂伴奏；落干身段後會拿布條向臺下觀眾展示「天官賜福」、「加官晉祿」或「當朝一品」，戲班裡稱作「加官條」。加官俗稱「啞巴仙」，因表演時演員以口咬住面具，沒有唱腔也沒有唸白之故，梨園諺語有「跳加官歹開嘴〔註66〕」俚語。

〔註59〕戲曲術語：演員做「往後走再往前走一個 S 形路線」，表現出從地點 A 到地點 B 的概念。

〔註60〕戲曲術語：同「鬥寶」的形式與走位，常用於神怪戲，如《封神榜》。在《戰火靈》的火靈聖母與廣成子鬥法，兩人以此「鬥寶」形式。

〔註61〕戲曲隊形，演員以像是編辮子的型態互相左右過位。

〔註62〕戲曲毯子功術語，一套翻滾套路。

〔註63〕小排頭為戲曲翻滾連套，將跟斗合成落干套路。

〔註64〕完整劇本詳見（附錄二）《三仙會》劇本。

〔註65〕象牙手板。亦指朝笏。原為大臣朝見皇帝時所執用，其後道士在朝真或齋醮時也使用。

〔註66〕跳加官所帶的面具是用嘴巴咬住的，不易開嘴說話，故有此一說。

3. 第三齣《金榜》

劇情描述鍾景期狀元及第後,回家與夫人葛明霞團聚,夫妻拜謝天地的故事。《金榜》(又稱《尫某對》)為扮仙中必演段落,取金榜題名、洞房花燭及闔家團圓之意。小生、小旦出臺念定場詩〔註67〕,等待曲牌音樂奏畢,一拜天地二拜高堂夫妻對拜,小生下場,小旦打開寫有「天官賜福」、「加官晉祿」或「當朝一品」的布條,向觀眾展示,雲步〔註68〕下場。此外,在「正戲」結束之後,也要再出場向觀眾行禮致意,一為感謝觀賞,二為祝福觀眾闔家團圓,幕表戲稱「鬧臺」。

【圖片說明】戲班扮《三仙會》祈福眾人闔家平安。地點:竹東大肚永昌宮。(圖片來源:文和傳奇戲劇團提供)

〔註67〕金榜定場詩如下:「小生:一人受天輪,小旦:滿門受鴻恩。小生:鳳冠明如鏡,小旦:霞珮繡金龍。」

〔註68〕雲步:戲曲表現身段程式。指臺步,步又分為正步、圓場、磋步、跪步、雲步等多種。

【圖片說明】《三仙會》結束緊接著「跳加官」。地點：竹東東海福德祠。（圖片來源：文和傳奇戲劇團提供）

【圖片說明】「金榜」手拿天官賜福。文和傳奇戲劇團通常以雙金榜，表現劇團人員眾多。（圖片來源：文和傳奇戲劇團提供）

（二）《醉八仙》

亦稱《酒仙》、《壽仙》、《大醉八仙》，為瑤池金母邀請漢鐘離、李鐵拐、張果老、曹國舅、呂洞賓、韓湘子、藍采和、何仙姑等八仙祝賀某神祇華誕之扮仙戲。

（1）首先八仙各個依序過場，以漢鍾離為首，呂洞賓接續上場，有戲曲底子的演員會以「三起三落〔註69〕」三拜大仙，兩人互扯四門，恭手請下大仙，接著呂洞賓請出張果老，兩人互扯四門，張果老再請下呂洞賓，以此類推，順序如下：曹國舅→韓湘子→藍采和；八仙各個過場形式都是以走四角及身段的展現，唯獨李鐵拐的過場具有趣味性以及戲劇性，如：上臺以身段表現出：「見樹上有蜂窩，用拐杖鬥蜂窩，並抓蜜蜂配燒酒，接著喝醉開心之餘用肢體加拐杖擺下「天下太平」四字」，通常後臺會以旁白的方式說明其表演動作，不但凸顯人物性格，也有祈福意味的表現，再者，請出何仙姑出臺，李鐵拐用肢體語言調戲何仙姑。

（2）瑤池金母來到華堂，言明今日某廟宇某神祇的華誕，並邀八仙一同前往祝賀，在此等候眾仙到來。

（3）眾仙各個依照順序出臺「點光」，齊到瑤池吟詩，順序如：漢鍾離→李鐵拐→張果老→曹國舅→呂洞賓→韓湘子→藍采和→何仙姑。待眾仙齊聚一堂，大仙並向眾人說明金母相邀至華堂。

（4）眾仙請出金母，金母告知相邀眾仙前到瑤池用意，眾人便駕起祥雲前往華堂慶賀，此時配合曲牌眾人走隊形至華堂。

（5）眾仙來了華堂，金母邀眾仙各吟詩一首祝賀，慶賀已畢一同拜壽（曲牌下，眾仙隨著曲牌，排出「壽字」隊形，來回數次直到曲牌奏畢。）

（6）拜壽已畢，金母取出萬年瓊漿，擺開酒筵與眾仙同飲，酒過三巡八仙皆醉，金母收起酒筵下臺。

（7）八仙齊唱【疊疊犯】將金母所賜的平安糖、平安酒一同灑到戲臺下，有時平安糖以仙桃代替，老藝人有此說法：「平安酒則是八仙醉酒後瓊漿滴落凡間，象徵神恩雨露均沾，眾人吃了可以保平安。」曲牌奏畢眾仙相扶而回，漢鍾離與鐵拐李一起戲弄何仙姑，此時呂洞賓倒臥桌上，漢鍾離與李鐵拐作拿石頭往呂身上丟科介，以肢體表示要呂洞賓將他兩人扶起，呂洞賓將其二

〔註69〕戲曲基本功的一個名詞，意思是演員將腳朝天凳搬起，並隨之以單腳不落地的方式蹲起三次，亦稱為戲曲基本功的「三起三落」。

人抱起，哈哈大笑扶下〔註70〕。

《醉八仙》的扮仙儀式時間長達一小時左右。戲班演員提到：

> 有些戲班八仙扮完後固定會再後頭再加上《跳加官》與《金榜》的
> 演出，他們認為這樣才算完整結束，但有些戲班扮完八仙就算完成，
> 還是要看每個戲班的習性〔註71〕。

【圖片說明】《醉八仙》劇本手抄本。（資料來源：文和傳奇戲劇團提供）

《跳加官》由演漢鍾離的演員扮演；而《金榜》由飾演韓湘子與何仙姑的兩位演員扮演。也有一說是《醉八仙》後要扮《封王》，但現今外臺戲班無論是客家戲或是歌仔戲，扮完《醉八仙》後都是接《跳加官》又或者不接著演。筆者認為或許只有亂彈戲與四平戲比較講究此模式的組合搭配，客家戲與歌仔戲在轉向外臺後快速吸收外臺的形式，以能快速適應及營運，當亂彈與四平戲沒落後，這些較少見的扮仙戲碼自然而然已不復存在。謝佳玲對於客家戲承襲了北管的扮仙戲模式的情況也提及：

> 客家戲班的扮仙戲的確和過去亂彈（北管）有關連，但是北管扮仙
> 戲留給客家戲班的展演元素，雖然在展演者身上仍可看見此為一
> 種不能被更改的傳統認知，但也是從演員的實際展演中，看到扮仙

〔註70〕完整劇本詳見（附錄三）《醉八仙》劇本。
〔註71〕訪問時間 2018 年 7 月 9 號，地點：士林區前港公園。（訪問臺中小金枝歌劇
　　　　團演員周聖淵）。

戲依照演員本身的文化經驗與觀眾的接受需求正一點一滴地改變。〔註72〕

到了客家戲班在地方節慶進行的扮仙戲演出，第一部分的扮仙就只以三仙或八仙的相關劇目為主了，接下來的演出則固定演〈跳加官〉和〈金榜〉，形式內容上都比過去的北管扮仙戲簡化許多〔註73〕。

1920年代客家戲班興起，以內臺商業演出為主，隨著電視、電影的娛樂興盛進而取代內臺地位，客家戲被迫轉向外臺酬神戲。客家戲在內臺時期並未有外臺宗教祭典的扮仙戲儀式，所以轉向外臺後直接移植亂彈戲、四平戲的扮仙戲模式。林茂賢提到：

> 臺灣各劇種除皮影戲之外，扮仙戲演出皆使用北管音樂，並以北管戲的語言「官話」發音，演出也學習北管戲的程式。〔註74〕

對於扮仙戲，筆者嘗試與幕表制的即興做連結，雖然看似是固定的模式，但裏頭確有很多能隨機應變的條件，無論是演員或者是樂師，都有著靈活性及臨場感。筆者訪問歌仔戲演員周聖淵提及：

> 扮仙雖然是固定的模式，但是它也有靈活與彈性的地方，以《三仙會》來說，通常都是三仙先出臺，可以一次三個一起出去點光，也可以一個一個過場點光。我們就有遇過一個女演員塞在路上，來不急扮仙，然後我們就三仙一個一個上，口白講超慢，喜神也慢慢走，盡量能拖就拖，最後就真的拖到她趕到現場化妝加上包頭剛好出臺。通常有些廟方會要求要扮兩個仙，戲班第一個會扮正常，第二個就會扮快仙，以《醉八仙》來說，正常就是八仙一個一個過場見金母，快仙就是直接先出金母，省略八仙過場，活的是時間可長可短，今天要慢就可以慢，要快也可以快，隨著當下情況去做彈性變化〔註75〕。

在音樂方面，筆者訪問文場樂師周毓書他提到：

〔註72〕謝佳玲《客家戲班的文化展演：以新竹地區三個客家戲班為例》，國立中央大學客家社會文化研究所碩士論文，2010年6月，頁55。

〔註73〕謝佳玲《客家戲班的文化展演：以新竹地區三個客家戲班為例》，國立中央大學客家社會文化研究所碩士論文，2010年6月，頁52。

〔註74〕林茂賢《宜蘭的北管戲曲音樂》，宜蘭：宜蘭縣立文化中心，1998年，頁36。

〔註75〕筆者訪問臺中小金枝歌劇團團員周聖淵（時間：2018年7月25日下午2點，地點：Cupgaze Café 下午茶店（臺中市西區博館一街13號））。

其實大多數由鼓佬操控，大部分曲牌是固定的，但還是有即興在裡頭，像是曲牌【風入松】、【慢吹場】，可以看文武場選擇要開哪一個，如喜神出臺，樂師可以選擇開【風入松】，有時也會開【慢吹場】演奏長度鼓佬配合著演員；麻姑出臺有些鼓佬會想讓文場休息，可以選擇只打鑼鼓不用演奏音樂，扮仙大部分都是嗩吶吹奏，要是一直吹奏文場樂師會很累，有些則會一直演奏到結束，扮仙戲的即興就是看鼓佬控制節奏的快慢與長度。我記得有一次扮仙，鼓佬就開的特別慢，喜神都已經下臺了他還不收，還硬跟演員說他曲牌還沒結束，結果喜神又出來走到曲牌結束他才收，其實只要音樂能繼續演奏都沒有對錯之分，一切都看鼓佬的心情，照理來說，演員下臺就可以切掉了，這樣會覺得他在整演員。〔註76〕

對於周毓書的說法可以清楚知道,所謂扮仙的即興是在於鼓佬的判斷與選擇,藉此,筆者訪問了資深武場樂師朱作民,對此他提及:

扮仙的曲牌跟流程都是固定,但是其他都可以是活的,演員走的腳步或是動作都是樂師跟著演員,今天演員想走慢我們就奏慢,今天演員走快我們就奏快,音樂雖然是死的,但是可以活奏。有些曲牌我可以套換,像是【慢吹場】跟【風入松】這兩個曲牌我可以看心情要使用哪個,再來有時候文場不一定要吹奏,我也可以只用鑼鼓去襯演員動作讓文場休息,這些都是很彈性的〔註77〕。

對於以上的訪談中能得知,扮仙戲看似是固定的套路形式,卻存在幕表戲的靈活性、臨場感,會依據現場的狀況調度其節奏。

三、戲班與寺廟的連結

臺灣幕表戲的演出主要生存於節日慶典、人生禮儀、神明聖誕等民俗情景之中,演出時間配合著客家地區所信仰的神佛誕辰、地方大廟或村落信仰中心的重大時日來作戲,具有儀式和娛樂兩大功能。神明聖誕是幕表戲的重要生存舞臺,凡民間廟宇之神明聖誕無不請戲,外臺戲的演出也是戲劇參與儀式進行主要的部份。從民間戲班在客家庄的演出時日,可初步描摹出客家

〔註76〕筆者訪問文場樂師周毓書（時間：2018年9月12日早上11點，地點：板橋丹堤咖啡（新北市板橋區民生路二段237號））。

〔註77〕筆者訪問資深武場樂師朱作民（時間：2018年9月12日晚上6點，地點：板橋大井頭福德祠）。

族群的主要信仰節慶；對於演出時日，謝佳玲在論文中提及：

> 演出日期都是依照中國農業社會時期留傳下來的農民曆（陰曆）
> 安排，顯示出臺灣過去以農業為生活基礎的文化，依照天氣及農
> 作物生長時期而有別於現在世界通用的陽曆時間安排。農曆的時
> 間使用、地方的神明祭祀節慶都延續於過去，這些背景是和整個
> 漢文化有共同基礎的，即使現在臺灣社會生活型態已經不是全以
> 農業為主，但這種生活時序仍透過一些定期的節慶得以展示，而
> 戲班的演出也融入在這樣的地方節慶時序當中，成為一種客家文
> 化展演。〔註78〕

對於客家庄的祭祀習俗，是承襲整個漢文化時代背景下的客家文化歷史脈絡，
客家人對於時日非常講究，所有的活動都得看日子決定流程，無論是提親、
訂婚、結婚、搬家、入厝、剪髮、理髮、安床等等。漢人普遍看黃曆要求吉日
良辰，在幕表戲演出時序中，因歌仔戲與客家戲信仰的神靈不同，因此有些
同異的獨特時序。現今以外臺為主要演出的客家戲班，為求生活，都要遊走
在閩客之間，允客允閩對他們來說是生存條件，因此也經常發生閩客庄同大
月撞演出檔期，戲班為了能執行兩邊的演出，會以「拆班」、「分包」的方式去
因應這樣的演出生態，黃俊琅在論文中指出：

> 在大量市場的需求下，較大的戲班會將人員拆開至兩、三個宮廟作
> 表演（又稱「拆班」或「分包」），來因應這樣的供需生態，正因為
> 「拚戲」、「拆班」等影響下，使得客家外臺「酬神戲」的表演，不
> 得不由較「固定」的套「死」的表演模態，轉向「不固定」的「活」
> 的表演形式，又稱「幕表戲」或「活戲」表演〔註79〕

有能力調動人員的劇團可以拆到三、四班，在同天不同地進行演出，但並非
每個戲班都能夠如此，通常分班都會外調其他戲班演員，演員會在不同的
劇團之間流動，前往支援演出以臨演場次為主要生活，戲班稱之為「打爛鑼
〔註80〕」。

　　民間幕表戲演出中有大小月之分，大月（旺季）、小月（淡季）與民俗節

〔註78〕謝佳玲《客家戲班的文化展演：以新竹地區三個客家戲班為例》，（國立中央
　　　大學客家社會文化研究所碩士論文，2010年6月），頁43。
〔註79〕黃俊琅《客家外臺「酬神戲」表演藝術研究》佛光大學藝術學研究所碩士論
　　　文，2015年，頁3。
〔註80〕演員以單件演出記酬，臨時支援演出的模式。

令、神誕廟會息息相關。凡是民俗節令、廟會慶典多的月份，就是外臺戲班的大月（旺季），反之則是小月（淡季）。一般外臺戲班的大月是農曆的一、二、三、七、八、九、十月。

（一）農曆正月

農曆正月逢屬春節時期，是舉辦節慶的重要時節，從正月初到月底，無論是大廟或是庄里的土地公廟，凡舉辦慶典迎接新的一年，讓地方民眾前來廟宇祈福。正月除了春節，還有正月初九「天公」生日、正月十五「元宵節」，客家庄與閩南庄只要有廟的地方都會請戲。

（二）農曆二月

每逢二月初二土地生，二月初二是土地公生日，所謂「田頭田尾土地公」，託土地公之賜，戲班演出機會也跟著暴增。

（三）農曆三月

農曆三月是歌仔戲班的大月，客家戲班則是小月，通常客家戲班藝人都會被調去歌仔戲班演出，或是大多數客家班都會去引閩南庄的戲路。其中三月初三玄天上帝壽誕，三月十五是臺灣醫神保生大帝誕辰，三月廿三媽祖生，各地媽祖廟皆演戲酬神。

（四）農曆七月

農曆七月為「鬼門開」，各廟宇皆盛大舉行普渡慶典。以農曆七月十五中元普渡前後進行普渡儀式，但各廟宇的時辰有所不同，所以從農曆七月初到月底都有廟宇請戲，因此農曆七月對客家戲或歌仔戲班來說都是大月。

（五）農曆八月

八月十五是土地公第二次生日，其源自上古「社祭」分為「春祈、秋報」，故土地公有兩次生日。土地公廟是臺灣數量最多的廟宇，據官方的調查，其數量超過 1300 所以上，因此單單「土地公戲」就足以讓八月成為戲班的大月了。

（六）農曆九月

農曆九月主要是歌仔戲班大月，客家戲班戲路平平。農曆九月初九是「三太子」李哪吒生日，民間許多廟宇都有配祀三太子，且在「五營」之中，三太子又是「中壇元帥」，奉祀三太子哪吒不只廟宇、民宅、在車上供奉三太子的

信徒不計其數，因此農曆九月也成為歌仔戲班的大月。

（七）農曆十月

農曆十月十五日為中國民間傳統節日「下元節」（亦稱「下元日」、「下元」）。下元節的來歷與道教有關，道門有三官大帝、天官大帝、地官大帝、水官大帝，為天官賜福、地官赦罪、水官解厄。十月十五這天是戲班最難調人的一天，幾乎每個戲班都在演出，通常當天的演出人數會比以往還要少。

此外，其餘的農曆四、五、六、十二月和閏月都是戲班的小月，但六月二十四為關聖帝君的聖誕，苗栗、新竹一帶許多客家庄裡若設有關聖帝君廟通常都會請戲。十二月因接近年底民眾準備過年，不會請戲，梨園諺語有：「十二月戲沒人請，只好學補鼎〔註81〕」之說。閏月全臺灣的戲班都是淡季，所謂「無米兼閏月〔註82〕」。

除此之外，在農曆月份有幾天是特別大的日子，演出的戲金會特別加倍，像是一天原本是 2000 元，遇到戲金加倍大日子就可以領到 3000 元，戲班稱這天為「演員的大日」。筆者訪問歌仔戲演員周聖淵，他特別指出：

> 在農曆的正月半、三月二十三、七月半、八月半、十月半這五天是雙天價的大日，這五天廟方給戲班的戲金也會加倍，所以演員也能拿到雙天價，但我知道的很像只有中部比較多戲班還有在跟廟方堅持加倍戲金，其他像是北部地區就已經沒有了〔註83〕。

對於廟方與寺廟的連結來說，有「熟戲不做熟地」的說法，黃俊琅在其論文中也指出：

> 詢問三年內此地曾演出劇目：
> ……「講戲先生」或是劇團，會有專人做記錄，將何時、何地、演出何劇目作詳細的記錄，目的是避免於太相似的時間或地點演出重複的戲碼，一般不成文的規定，約末是同一個地方三年內不演出同

〔註81〕農曆十二月沒人請戲，演員只好學補鼎維持生計。（引自網路：臺灣民俗文化「臺灣俗語之美─梨園諺語」）。

〔註82〕跟屋漏偏逢連夜雨的意思一樣。家中已無米下鍋了，今年加多了一個閏月，更加困難。與成語「雪上加霜」義近。（引用自：大中華印藝網──閩南俚語站）。

〔註83〕筆者訪問臺中小金枝歌劇團團員周聖淵（時間：2018 年 7 月 25 日下午 2 點，地點：Cupgaze Café 下午茶店（臺中市西區博館一街 13 號））。

一齣戲〔註84〕。

對於上文所提到「同一個地方三年內不演出同一齣戲」的說法，通常老藝師在講戲時，會先問年輕的演員此戲是否在這邊演過？若是沒有才會進行講戲。筆者也問過老藝師關於演過的戲要何時才能在同地再次演出呢？老藝師說至少要三年才可以再演，筆者也試圖問過為何是「三年」？老藝師回：「三年的時間才能刷淡觀眾與廟方對於這齣戲的記憶。」筆者在訪問歌仔戲演員周聖淵時，對此說法他也提及：

> 對於「同一個地方三年內不演出同一齣戲」的說法，我是有聽說過，但是說到規定，我有問過老藝人跟團長，他們說沒有什麼特別規定，如果我們太近期的戲一直拿出來演，有常看戲的觀眾就會發現，會被認為劇團沒戲可以演了，因此都演同齣戲，所以為了不要被講話，就會盡量跳個三年至五年再把演過的戲拿出來演，觀眾對於這齣戲的記憶才不會那麼深刻（問：那對於廟方那邊呢？）廟方應該還是一樣的道理，但其實沒有規定到說真的不能這樣，我們也曾經重複演過同齣戲，當時演出沒什麼人看，我們也不清楚廟方知不知道，我是覺得戲重複演沒關係，只要不要隨便演，有認真演，相信廟方跟觀眾都不會覺得怎麼樣，因為外臺戲就那些戲在輪著演〔註85〕。

景勝戲劇團的演員江依亭也提及：

> 我們不是同一個地方三年不能演同一齣戲，而是盡量不要「同地演同戲」。盡量都不要重複，但如果真的沒辦法就還是要跳三年甚至五年才會拿回來演，老闆娘（指：景勝老闆林保木的老婆江玉玲）還是會演不同的戲，這樣觀眾會幫忙跟各地廟方宣傳說這團的戲很豐富，相對引戲會比較容易。其實說三年以上，我們也有遇過因為分班，就把二年前的戲拿出來演，但機率真的少之又少，也遇過要趕場壓縮到講新戲的時間，才會做重複的戲，甚至也遇過講戲先生沒有記錄到，演完才發現這齣戲在這演過〔註86〕。

〔註84〕黃俊琅《客家外臺「酬神戲」表演藝術研究》，私立佛光大學藝術學研究所碩士論文，2014年，頁15。

〔註85〕筆者訪問臺中小金枝歌劇團團員周聖淵（時間：2018年7月25日下午2點，地點：Cupgaze Café下午茶店（臺中市西區博館一街13號））。

〔註86〕筆者訪問景勝戲劇團團員江依亭（時間：2018年9月7日晚間7點，地點：

透過周聖淵以及江依亭的說法，能清楚抓到有「熟戲不演熟地」的共通狀況，都是以觀眾的角度為最主要設想及考量，像是「觀眾對於這齣戲的記憶才不會那麼深刻」及「觀眾會幫忙跟各地廟方宣傳說這團的戲很豐富」等，畢竟「戲路隨商路」，觀眾是廟方與戲班最好的連接橋樑。曾經聽說有廟方主委提到「哪一班演戲多人看，我就請哪班」，廟方不希望請來的戲班導致看戲的人冷清清，越熱鬧越能代表在地的廟宇香火會越旺盛。

　　觀眾在意劇情要新奇、新鮮，能讓人耳目一新，如同李漁在《閒情偶寄卷一·詞曲部·結構第一》中的「脫窠臼」指出「傳奇」的定義，非奇不傳：

> 「人惟求舊，物惟求新。」新也者，天下事物之美稱也。而文章一道，較之他物，尤加倍焉。戛戛乎陳言務去，求新之謂也。至於填詞一道，較之詩賦古文，又加倍焉。非特前人所作，於今為舊，即出我一人之手，今之視昨，亦有間焉。昨已見而今未見也，知未見之為新，即知已見之為舊矣。古人呼劇本為「傳奇」者，因其事甚奇特，未經人見而傳之，是以得名，可見非奇不傳。「新」即「奇」之別名也。若此等情節業已見之戲場，則千人共見，萬人共見，絕無奇矣，焉用傳之？是以填詞之家，務解「傳奇」二字。欲為此劇，先問古今院本中，曾有此等情節與否，如其未有，則急急傳之，否則枉費辛勤，徒作效顰之婦。東施之貌未必醜於西施，止為效顰於人，遂蒙千古之誚。使當日逆料至此，即勸之捧心，知不屑矣。吾謂填詞之難，莫難於洗滌窠臼，而填詞之陋，亦莫陋於盜襲窠臼。吾觀近日之新劇，非新劇也，皆老僧碎補之衲衣，醫士合成之湯藥。即眾劇之所有，彼割一段，此割一段，合而成之，即是一種「傳奇」。但有耳所未聞之姓名，從無目不經見之事實。語雲「千金之裘，非一狐之腋」，以此贊時人新劇，可謂定評。但不知前人所作，又從何處集來？豈《西廂》以前，別有跳牆之張珙？《琵琶》以上，另有剪髮之趙五娘乎？若是，則何以原本不傳，而傳其抄本也？窠臼不脫，難語填詞，凡我同心，急宜參酌〔註87〕。

被訪問者中壢住家內）。

〔註87〕李漁《閒情偶寄卷一·詞曲部·結構第一》，臺北：長安出版社，1990年6月，頁32。

古人稱劇本為「傳奇」，是因為所寫的故事都非常奇特，未曾見過才把它寫進劇本，從而便得名。外臺戲亦是如此，前幾天發生的事直接被拿到舞臺上搬演，也因而引發觀眾的共鳴與新奇，如 1932 年的臺南社會殉情事件《臺南運河奇案》，不到幾天就被歌仔戲以幕表戲的「提綱本」形式搬上舞臺，在當時造成轟動。幕表戲有著獨特的表演特色，為求新求變講戲先生將時事改編成戲劇情節引起觀眾共鳴，雖總是被斥為隨便、劇情鬆散，卻依舊吸引觀眾前去觀看演出，這正是幕表戲在表演特色中存在著獨特的迷人魅力。

第四章 客家幕表戲的表演特色

幕表戲其舞臺屬於開放式，大多於廟埕前搭棚演出；由於是開放式，觀眾隨時可自由進出、或坐或立，十分自由；此外，每位演員出場時均須「報家門」，可使觀眾瞭解出場人物所扮演角色，並迅速進入劇情之中。簡易來說幕表戲可分為三個結構：

一、以戲齣（劇目）來說，具有一個大概的故事情節，人物的事件，只要不影響整體故事的發展，可做變動。

二、演出結構（臺次）有概要的人物出場順序，具「可活動」的空間，可以插入或抽取出某臺次情節或人物。

三、人物角色沒有一個「固定」的表演方式，只要能順利推展故事情節即可。

第一節 幕表戲的演員「即興」

一、劇本戲的累積

幕表戲的演出方式，基本是在一個戲劇的大綱下，由演員輪流藉由動作、說白以及唱腔來填滿大綱裡的細節，以「學習」、「記憶」和「表演」構成幕表戲的傳承鏈條。

「賦子」對於學習幕表戲的演員來說是基本配備，作為幕表戲演員需非常清楚掌握幕表的表演程式，演員需具備將講戲先生提示的單字進而轉化為句子的能力，為幕表戲演員最重要的一點。

　　幕表戲演員需要學習大量的賦子，才能在劇中符合情節人物的情境下將自身所學的賦子靈活運用，俗話說「師父領進門，修行在個人」，發揮的好與壞，就看演員所累積的經驗了。不同的表演時間、場合、表演者、觀眾，都會有不同程度地影響幕表戲的演出型態，在舞臺上，劇本的編創與演出是同時進行的，它的「情節」很自然的須依「人物」來帶動，因此也就形成了類似明清傳奇「事隨人走」的敘事特質，「故事的進行」緊緊依附在「人物的遭遇」上〔註1〕。我們通常把幕表戲的活戲演出稱為「即興演出」，事實上，「即興編演」不等同於「隨意編演」，它深刻地受制於程式和演出環境。一齣幕表戲在流傳過程中會經歷不同戲班、演員，成為一種集體的創作，而一齣戲經由不同的演出人員來演出，也會出現不同的風格，甚至同個演員在不同時間及地點演同一齣戲，也會有所不同。藝人必須掌握劇情的基本概要、唱詞的句式、板式、人物背景、角色行當體制等，才能進行幕表戲的劇本編創與演出。編演的程序為：由經驗豐富的藝人（講戲先生）口述大致劇情提要，介紹人物出場先後、人物關係、身份地位、情節主線與支線等；在由演員以基本的故事架構填充臺詞、唱詞、展開情節敘述，使用的材料便是各類「套語」與老藝人口頭傳授的固定唱詞。簡單來說演員按照演出提綱選擇貼切的「套詞」，進行「組裝」成一個劇本過程。客家幕表戲中所演繹的故事具有突出的類型化、程式化特徵，他們體現出價值觀與教化性，與民間性是相吻合的，許多套式都是千篇一律，不管哪個朝代的戲，總是大團圓收尾；讀書必赴京趕考，趕考最終必高中狀元。這種敘述方式反覆出現在不同的劇目中，形成系列的故事類型，如《三娘教子》、《一門雙喜》、《婆媳冤家》、《王妹子下山》等系列劇目，故事大多都以小生經過一番磨難後，苦盡甘來、衣錦還鄉，一家團圓的結局。

　　幕表戲的演出具有較大的彈性，藝人可依據演出場合、演出時間、現場觀眾的不同臨時增添、刪減、更改唱詞，或者是延長與縮短表演時間。這牽涉到表演者、表演場合、現場觀眾三者的交互關係，若表演者不變，另外二者變化，便會影響演出效果和藝人的臨場發揮水平，演出內容亦相對產生變化。

　　幕表戲的當下性、變異性和流動性是其突出的形象特徵。同樣的劇目在

〔註1〕林鶴宜《東方即興劇場歌仔戲「做活戲」上編：歌仔戲即興戲劇研究》（臺北市：臺大出版社出版：臺大發行，2016年12月），頁238。

不同的藝人、演出場合下呈現出不同的藝術型態和風格，即使同一個藝人反覆演出同一齣劇目，也很難復刻相同的表演。

二、靈活運用腹內材料

　　幕表戲表演特色主要傾向以「演員為中心」，演員的藝術表現除了能唱及根據情節自行編詞之外，演員還需把留存於腦子裡的劇情、唱詞、臺詞，通過口頭交流和反覆的演出實踐進行傳遞和發展。

　　「口頭劇本」分為兩種型態：第一類是「純口頭劇本」，沒有任何文字記錄，口傳是劇本流傳的唯一方式；第二類是「半口頭劇本」，具有「提綱本」的形式存在，這類腳本有故事梗概、人物、場次的簡單記錄，但既無完整的劇情，亦無唱詞、賓白、音樂唱腔、角色行當、舞臺提示等，所有的提綱形成均靠口傳，因此「提綱本」並不具有劇本的性質，與純口頭劇本的傳承特質基本相同。

　　幕表戲「提綱本」，絕大部分使用「術語」構成，一般人若是沒有操作過幕表戲，無法了解提綱本的內容要如何進行演出。但對於演活戲經驗豐富的藝人來說，提綱本好比一本武功秘笈，簡單的一張提綱能讓他們發揮兩個小時，甚至更多，演員心中都有著各式套語，有一定的規範或一套動作套路所連結而成的一整段表演，以下要談的是「套語」。

　　「套語」是口頭劇本的基本結構單元，圍繞某種特定內容而編寫的固定文辭或篇章，可在不同劇目的類似情景中沿襲套用，具有程式片語的性質。幕表戲的術語數量繁多，按照內容與功能的不同，可分為「人物套語」和「情景套語」兩類。〔註2〕

（一）人物套語

　　在幕表戲的演出，一般演員出臺（出場）會演唱一首曲子或念四句聯來表明角色身家背景等，這首曲子既要符合劇情需求，也要合乎角色身份，稱之為「人物套語」。此類套語大多運用於定場詩或自報家門，進行人物的自我介紹、交代個人身世、家事或自述心志等，這樣的做法是為了幫助觀眾對於劇中人的理解；若是個人介紹報得不清不楚，觀眾對於接下來的劇情發展會產生混淆。因此，一個演員在臺上扮演不同角色，對於角色自述姓名、身份、

〔註2〕鄭劭榮〈論我國影戲口頭劇本的型態特徵〉，《西夏研究》，2010 年 4 月，頁
　　　104。

背景等「基本履歷」的表現方式，成為幕表戲演員的基礎學習。演員要如何有效的掌握幕表戲的演出？歌仔戲演員周聖淵提出：「人物、階級、基本資料、人事時地物、朝代」〔註3〕。

　　藝人將人物區分為書生、將軍、帝王、將相等類型，各自都有著特定的套語，可以在不同劇目且合乎情境反覆使用。人物初次登場都須唱一段與自己身份相符的套詞，接著自報家門。每一行當均有若干套語，藝人只需熟記套語，就可以視不同的人物身份進行即興演出〔註4〕。劉南芳在書中也說明人物套語的應用：

> 「人物套語」最常見的是「出場歌」，大致可以分為劇中人第一次出現的「出場歌」、更換身份之後的「出場歌」、以及「行路歌」等幾種類型。「出場歌」有生角、旦角、丑角……等行當區別，像是〈白牡丹〉是旦角歌曲；〈丟丟銅仔〉、〈臺東人〉通常是丑角演唱。角色第一次的出場最重要的是表現身分、個性，以及他當時所處的境遇。像是風塵女子可以唱〈日日春〉；或是比較貧窮的小生可以唱〈人生〉、〈忍〉之類有勵志向上的歌詞內容。〔註5〕

劉南芳在文中所指的是以人物的身分選用合適的歌曲與套語來進行人物介紹，並讓觀眾能在短時間內了解人物的性格、身分與當下的情境。而幕表戲也因為人物流動性大，以至於常會有同一個人演不同角色，為此會以這種手法表明現在已飾演另外一個角色。劉南芳也提及改變身份之後的出場使用：

> 另一種「出場歌」是劇中角色改變特殊身份之後的出場使用，表現一種不同的身分或心情。像是小生、小旦本來是文弱書生或千金小姐，遭遇迫害後有高人搭救，練成一身武藝下山報仇；或是劇中人「貧富易勢」，從富貴人家淪落為乞丐、僕人，或是平凡家庭遭遇變故……等，為了表現角色前後個性及境遇的反差，再次出場時選擇的流行歌也很重要。〔註6〕

〔註3〕筆者訪問臺中小金枝歌劇團團員周聖淵（時間：2108 年 7 月 25 日下午 2 點，地點：Cupgaze Café 下午茶店（臺中市西區博館一街 13 號））。
〔註4〕（附錄四）筆者分類幕表戲常用之人物套語。
〔註5〕劉南芳《臺灣歌仔戲中的活戲套路及程式語言》，臺北市：文津出版社，初版，2016 年 4 月，頁 178。
〔註6〕劉南芳《臺灣歌仔戲中的活戲套路及程式語言》，臺北市：文津出版社，初版，2016 年 4 月，頁 180。

因性格與身份的改變，為了表現角色前後個性與境遇的反差，出場唱的歌也會跟原先有所不同。劇情會隨著演員的敘事往前演進，因此角色的遭遇通常會以合適的歌曲去襯托個性、情境及當下的心情，讓觀眾能抓住劇情走向。

人物出場套語分為兩種情形，一是著名傳統劇目中主要角色的「專用韻白」和唱詞，如孫悟空的專用套語：「把守花果水簾洞，逍遙快樂受不當，大鬧天宮再鬧地府，齊天大聖孫悟空」；關羽、張飛、劉備專用套語：「桃園結拜一爐香，打破黃巾天下揚，一點忠心扶社稷，青牛白馬祭上堂」；玄天上帝專用套語：「三月初三吾壽誕，九月初九起風寒，赤身救母受苦嘆，修身學道武當山。」特定角色都有一定的「專用套語」，一般不適合移到其他角色上套用，但在不同劇目相同人物時可以互相套用；二是各類人物通用唱詞與韻白，如（附錄四）帝王、元帥、番將、書生、清官、武生、神仙、妖怪等等，均有各自的長篇韻白和唱詞，可依適合的身份任意套用依此說唱，這些也是演員要背誦在腦中的套語，方便在演出時對應角色即興套用在人物身上。

在幕表戲中，「人物套語」最普遍的用法是作為「角色的出場歌」，可以由演員或樂師決定，依照角色的行當及在劇中的身分境遇區分；其次是配合活戲的「指定曲」，這些「指定曲」如果受到觀眾肯定，就會形成一種固定的「情境套語」。〔註7〕

（二）情境套語

情境套語是比人物套語更大的敘事單元，主要是描述風景、個人心境或是單一事件等等，以現成或有一定規模的典型套語在某特定的情境中使用〔註8〕。客家戲在三腳採茶戲時期，保留了許多關於丑角的固定情境套語〔註9〕，這些套語能表現出丑角的幽默詼諧，其無頭緒的念白與搭配【數板】的板式節奏，也襯托出丑角的幽默感，至今幕表戲演出中，只要丑角出場都還能將其套用【數板】發揮。

情境套語是藝人經過反覆使用後，逐漸固定下來的程式片語，經過長期的演出實踐，演變成相對穩定的固定套語。有些情境套語長期被藝人使用並

〔註7〕劉南芳《臺灣歌仔戲中的活戲套路及程式語言》，臺北市：文津出版社，初版，2016年4月，頁176。

〔註8〕鄭劭榮〈論我國影戲口頭劇本的型態特徵〉，《西夏研究》，2010年4月，頁104。

〔註9〕（附錄五）筆者整理丑角敘事情境套語。

與唱腔訂定成一套模式，如表現兩隊人馬叫陣廝殺唱節奏較緊湊的【西路刀子】、鬼魂出場唱【陰板】、丑角出場唸【數板】、神仙出場唱【梆子腔】、夫妻離別唱【送郎調】、表明人物事情發生經過大段敘事唱【平板】接【平板什唸】，兩人談戀愛通常會以客家山歌小調，如【桃花開】、【剪剪花】、【梳妝臺】等等。

客家幕表戲唱腔屬於板腔體結構，唱段以上下句為主體單位，以七字句、十字句為基本句式。在表演的環境下，藝人可以在基本句式上墊字與襯字，增加詞句的節奏；另一方面，綜合運用對仗、排比、疊句等修辭手法，形成套句的句子和唱腔。如唱段：

> 小生本是（是個）讀書郎，勤讀聖賢（講是）習文章，三年一科舉
> 子會，只求高中（高中）狀元郎。

以原本的基本骨架，在規整的套詞中加襯字，形成不規則的散字句；有些則因唱腔的音樂條件加入襯字，如唱【挑擔歌】：（ ）內的字體通常不會在劇本中出現，藝人已將其深記腦海中。

> 挑擔要挑（來嗨嗨）竹擔竿（呵嘻嗨）中央擔等（就渺啊渺，上工
> ㄨ）兩頭軟哪。阿妹有情（來嗨嗨），哥有義（呵嘻嗨），再餓三日
> （就渺啊渺，上工ㄨ）沒相關哪。

口語虛詞的襯字，無疑是客家戲曲小調中獨特的唱腔風格。這些約定俗成的程式套語，恰巧說明了客家戲曲源自民間，在民間成長，而後來的表演也是照著這樣的形式口語相傳至今。

對於一個幕表戲的民間藝人而言，要合格的站在舞臺上，「套語」的學習與儲存極為重要。程式語言不是一個人、兩個人創造出來，甚至不是一個時代能夠造成，這些語言背後存在著歷史和文化的累積，代表當地生活習慣、人們的思想和情感，甚至是民間的道德標準。〔註10〕但單靠背誦或記憶這些套語還不能合格站在舞臺，最重要的即是如何將這些套語「靈活運用」，在不同戲同個情境裡，透過表演者的靈敏體悟重新詮釋再創造。無論如何，「套語」終究是口頭文學中最重要的特徵，因此口頭傳播成為幕表戲最為重要的傳承方式，「套語」可以說是一種民間自發產生並延續傳播的程式要求，它是精緻化的書面，傳統之外的一條下層民眾文化潛流。

〔註10〕劉南芳《臺灣歌仔戲中的活戲套路及程式語言》，臺北市：文津出版社，初版，2016年4月，頁132。

三、團隊合作要點

　　幕表戲的劇本構成是集體性、群體性的演出文本,而演出需要以接力的形式傳遞劇情的完整樣貌,靠的是「團隊合作」。林鶴宜對於團隊合作提出一些疑問:

> 從團隊的角度來思考,重心將完全不同。首先考量的是一個演員的演技應如何跟其他人配合,才能成功完成一個劇中人物的建構?進一步思考的是如何透過一個劇中人物的塑造,延伸為動人的戲劇場景?〔註11〕

一個演員只能負責自己的部分,而無法掌控其他演員,除非有「對手戲」才會在開演前臨時套招,戲班「對手戲」稱為「盒仔套」,意指要像盒子一樣能合起來,戲要對的起來。但只有套個梗概,並不知道對方會用什麼樣歌詞的韻腳來演唱,若是要接唱並押同韻腳,沒有太多的時間可以猶豫,像這種團隊合作的講究臨場反應,其不穩定性與困難度極高。幕表戲雖然有固定的分場大綱,但最難在於時間的拿捏。對於時間的掌控及拿捏,筆者訪問客家戲演員劉富丞時,他以自身經驗提到:

> 對於團隊合作首先大家會有一個共同的目標,就是戲能演足,知道自己在臺上能表現的時間大概多久,像是明知道後面的戲都是口白戲居多,然後前面武戲(「攻關頭」)只打10分鐘就結束,這樣後面的戲會時間不夠,所以大家都會先說好,互相配合。(問:你覺得武戲和文戲哪個時間比較好掌控?)對於我來說我會覺得文戲,因為武戲有時只能有動作套路較少口白及唱腔,要拉長時間只能一直打連環套,有時天氣太熱穿著厚戲服特別折騰;至於文戲通常我都是演丑角,不然就是演家僮,所以我很常會先套好招,因為三花比較自由,什麼都可以講,無限制,所以對我來說很好發揮,有時甚至跟觀眾互動拉長時間,(問:會很常跟觀眾互動嗎?)跟觀眾的互動會比較偏重觀眾的態度,我們會觀察觀眾的當下反應熱不熱絡來決定是否要跟他們互動,舉一個例子,我跟另一個演員在演《千里送京娘》時,因為在同個地點演兩天,昨天的戲觀眾幾乎都看過,我們就會把昨天演戲的橋段又在搬到

〔註11〕林鶴宜《東方即興劇場歌仔戲「做活戲」上編:歌仔戲即興戲劇研究》(臺北市:臺大出版社出版:臺大發行,2016年12月),頁237。

這齣戲來演，這樣除了戳中觀眾的笑點，也能把時間拖更久，記得光是那段我們就拖了半小時。〔註12〕

　　若是演員的對白和唱腔長短不穩定，造成前面情節進展太快，後面就要有人拖戲，通常講戲的人有演出則由他來拖時間，或是由「熟戲」的人來頂時間；如果前面戲演太長，講戲先生就要把後面的臺數刪減。戲的時間拿捏要靠團隊合作，太長刪戲、太短拖戲，不能讓戲空場、冷場，這也考驗團隊默契的劇情堆疊。演員要清楚知道「一緊、二慢、三休〔註13〕」最需要注意的是節奏的掌控，重要場次的不嫌慢，盡情發揮；過場場次帶過即可；該結束就結束，見好就收，不要拖戲，除非碰到演出時間不夠長，或剩下的時間不夠，則另當別論〔註14〕。歌仔戲演員周聖淵提到幕表戲團隊合作的上場前，與對手戲「溝通」套招很重要：

　　通常我們是這樣，講戲先生講完戲，我知道我跟你有「對手戲」，我就會在開演前去找你（溝通「套招」），不會你知道你跟他有對手戲，結果你們直接臺上見，除非是演過的戲，要不然第一次都會私底下先對過，這樣在臺上就互相知道對方等等大概會講些什麼。因為我經驗沒像老藝人那麼足，有時候也會覺得自己在臺下準備到沒問題了，但一上臺緊張，該講的沒講，原本套的招也都忘了，所以我自己會有個習慣，假如我跟對方有對手戲，我比較不熟或是沒把握，我就會跟對方說：「因為我比較不會，所以等等要是有快要接不住的地方還請你包一下」。像三花就比較輕鬆，通常都是別人要接他的招，他可以天馬行空的講，但也不能離主題太遠，主要就是比較熟戲的人可以包比較不熟的。（問：你有「包」過人嗎？）像我之前演三花，然後跟我對戲的二路小生沒什麼經驗，因為那時大月戲班難調人，他上臺緊張到一句口白都沒講，我就一直幫他講東講西，然

〔註12〕筆者訪問文和傳奇戲劇團演員劉富丞（時間：2018 年 8 月 14 日下午 4 點，地點：筆者家中）。

〔註13〕另一種說法是「一緊、二慢、三拖」，「一緊，該快的時候要快。二慢，該慢、該哭的時候要哭。三拖，要會拖時間、拖戲。」林鶴宜訪問「秀琴」歌劇團苦旦演員莊金梅。引自林鶴宜《東方即興劇場歌仔戲「做活戲」上編：歌仔戲即興戲劇研究》（臺北市：臺大出版社出版：臺大發行，2016 年 12 月），頁 253～254。

〔註14〕林鶴宜《東方即興劇場歌仔戲「做活戲」上編：歌仔戲即興戲劇研究》（臺北市：臺大出版社出版：臺大發行，2016 年 12 月），頁 218。

後他還是不講，最後我就說：「少爺，看你今天都不講話，可能是身
體不舒服，那這樣還是趕緊回家休息吧。」〔註15〕

林鶴宜在書中也有明確提出團隊合作的要點，包括「包」、「救」、「順」和
「切」。

「包」是指演員對話時，幫對手演員掩護或是提醒引導，特別用在
對手演員詞窮、忘記劇情，或甚至說錯的時候。

「救」指當對手演員對白已經失焦，或枯燥乏味時，就要想辦法「搶
話」，把話題轉到正確的方向。

「順」的技巧，指兩人對話，話題帶不起來時，就想辦法不著痕跡
地放過（「順掉」）。

「切」的技巧，指當一齣戲因為某種因素，在臺上演到情節骨幹已
經搞不清楚的時候，要想辦法先結束掉那一場戲，下一場在想辦法
挽救。〔註16〕

掌握及操作「幕表戲」是一個漫長的歷程累積，除了熟能生巧掌握到即興的訣
竅還不夠，幕表戲不是一人的獨角戲，還需仰賴團隊合作的默契，林鶴宜也說：
「即興演出打的是一場團體戰，沒有團體，就沒有個人。〔註17〕」它重視和對
手演員的互動，對於「丟」與「接」特別講究，不僅要能刺激對手演員，讓對
手好發揮，更要從對手丟出的話中找話、情緒中找情緒，找到可發揮的材料，
對手的不同也會影響不同的演出風格，不能只用同一套套路來應付。

每個人都要清楚知道自己在團體中的位置是什麼，能發揮的範圍有哪些；
有些人若是當主角就不適合，但當綠葉襯紅花就能盡情發揮到最大值，如筆
者訪問客家戲演員劉富丞時，他說到：

我很清楚我不是演主角的料，但沒有我卻不行，我的角色定位也很
不定性，幾乎什麼都要演，我通常在一齣戲裡都是一趕三或四個角
色，所以就會發現自己比起演主角來說，會更適合演二路或三路的
角色，整體演出品質會更好，例如，劇團在竹東演《九天鳳凰櫻（「觀

〔註15〕筆者訪問臺中小金枝歌劇團團員周聖淵（時間：2018年7月25日下午2點，
地點：Cupgaze Café下午茶店（臺中市西區博館一街13號））。

〔註16〕林鶴宜《東方即興劇場歌仔戲「做活戲」上編：歌仔戲即興戲劇研究》（臺北
市：臺大出版社出版：臺大發行，2016年12月），頁224～227。

〔註17〕林鶴宜《東方即興劇場歌仔戲「做活戲」上編：歌仔戲即興戲劇研究》（臺北
市：臺大出版社出版：臺大發行，2016年12月），頁249。

音收大鵬」)》，那時後大月調不到人來演包公，我就前面來烏鴉精，後趕包公，最後開打又再趕回烏鴉精。生、旦、淨、丑我什麼行當都來過，所以我很清楚在一齣戲裡頭，戲不多但非得出來點綴的角色，如《打焦贊》裡的灶君、《火燒逍遙臺》裡的老皇叔等等，就非我莫屬。〔註18〕

幕表戲講究團隊合作及每個人的位置職責，講戲先生會依個人特質安排適合的角色，所以演員能清楚知道在這齣戲的任務，能在該發揮的時間點與地方盡情發揮，越是優秀的演員越懂得團隊合作的重要性。

第二節　「術語」及「肩膀」分析與配合要點

一、幕表戲的「術語」分析

　　各行各業及不同的領域都使用專屬的「行話〔註19〕」，也稱專業「術語」。在幕表戲中，講戲先生通常只以術語交代提綱的大致內容，作為講戲先生所引用的「代名詞」，稱為「戲班術語」。戲班術語的產生有兩種，其一為外江戲的程式化表演；其二為改革戲表演形式過程裡，經過多次的排演或實際演出後的修編檢討被固定下來，當有類似表演情境則以術語代之。有了這些「戲班術語」的運用，能縮減講戲先生說戲的時間並與演員更有效率在短時間吸收內容進行演出。

（一）「講前白」

　　「講前白」是幕表戲不可欠缺的表演形式，因外臺觀眾流動性大，故許多情節需要反覆敘述、交待，在事件發生後，相關人物事件與自己有關的出場都必需再從前面的事件說起，作為一導引功能，方便觀眾容易進入劇情。

（二）「跳臺」

　　「跳臺」通常都會擺在戲的開場，大將走「起霸」或是「走邊」的身段動

〔註18〕筆者訪問文和傳奇戲劇團演員劉富丞（時間：2018 年 8 月 14 日下午 4 點，地點：筆者家中）。

〔註19〕行話，又叫行內人話，是指一些特定專業人士之間的用語，為了幫助討論議題，這些用語當中有許多在發展過程中逐漸簡化，例如可能會直接使用縮寫而不必附加解釋。不同的行業有不同的行話。在一個領域當中，某個詞彙可能會有比標準解釋更為精確的定義。

作；有時人數足夠也會以「雙跳臺」意指兩人走「雙起霸」，接著念一段定場詩、報名，下臺前說：「元帥有令，校場點兵，你我兩旁待候」，下一臺接「開堂」。

（三）「走馬」

京劇稱之為「趟馬」，意指演員手持馬鞭，於臺上作騎乘馬匹之虛擬肢體程式身段動作；另有「雙走馬」，即兩人趟馬，兩人的騎馬組合。

（四）「開堂」

「開堂」指將、帥於出征前的點兵，分成兩種情況：其一，前一臺為「跳臺」即是由將軍下臺前說：「元帥有令，場點兵，你我兩旁待候」；其二，前一臺為金殿，由皇帝命令某一將軍奉旨出兵，皇帝下臺前說明「命你校場點兵」，說明下一臺戲為「開堂」。

（五）「罵城」

「罵城」指的是兩軍交戰，由攻城的一方帶領兵將前到城樓下叫戰，通常內唱【導板】上；另一方守城者於城內聽聞後至城樓上，與之相應雙方互相叫罵後兩軍交戰。於「罵城」的前一臺戲，為守城的一方「開堂」，得到探馬報知有人前來討戰，關鍵字為「帶馬前到城樓觀看」。

（六）「睹陣」

京劇稱之為「會陣」，而會陣常見的方式有「二龍出水」、「鷂子頭會陣」、「大連環」等，是兩方人馬對敵於陣前之意。

（七）「看雙邊」

京劇稱之為「雙望門」，意指演員對「上場門」、「下場門」的觀看動作。

（八）「挑起來」

指的是兩方對陣，一方不敵大敗，後有救兵趕上前來搭救。幕表戲術語稱之為「挑起來」，前一臺通常會有一個過路英雄的單場，報名表明身份，最後口白收在：「哎呀！且慢，聽後山戰鼓連天不知發生何事？不免上前觀看就是。」在下場門等待敵方將元帥敗下，上前挑起來與敵方對陣，挑起來的這方都會是勝利的一方。

（九）「點四將」

為開打的一個武打場面套路，通常由一個主將搭配四個兵卒，如字面上的「點四將」之意，指主將一一點出四個兵將。這套路可以任意擺在開打之中，通常是雙方主將對打，由打勝一方留在臺上，回身以「點」的動作引出其它兵卒一一上場對打，後一臺通常會接「挑起來」，挑起來的這一方又再繼續「點四將」，意指雙方主將都會各點一次，順序如：「點四將」→「挑起來」→「點四將」。

（十）「打捧」（馬趟子）

「打捧」，京劇中又稱「馬趟子」，從京劇移植過來的一套程式套路，即是主將大敗後重傷的表演。因演員需表現捧打動作以示人物受重傷因而稱「打捧」，有功夫底子的演員會呈現出跳岔、吊毛、捧嗑子、殭屍倒等高難度技巧動作。前一臺即為另一方以暗器「打鞭」或使其「中箭」的演出。

（十一）「槍架子」

表現、演繹兩人功夫不分上下、旗鼓相當，藉此互相打量、較量，具有相互欣賞的戲劇情節。為雙方主將對打後不分勝負，互相試探及比劃功夫。

（十二）「打情槍」

意指一生一旦的對打場面中，由一方做獻愛之表演。劇中大部分以雙方會陣、女番邦對小生有好感，且用「槍架子」的套路表現。另有「打眼劍」，指男女雙方都互相有好感；不同於打情槍的一人。

（十三）「大連環」

常用於雙方主將會陣時的隊形，為雙方對陣的一個隊形走位，通常是為了表現眾多人馬對陣的武打場面。

（十四）「大刀翻」

京劇稱之為「四股檔」，為雙方主帥對打一套把子後，增加兩位士兵上場做翻滾動作的套路組合表演動作。

（十五）「三顛」

京劇稱之為「三股檔」，為雙方主帥對打一套把子後，由一位小兵翻上，做翻滾與把子套路組合的對打，「三顛」的小兵稱為「小刀手」，若是身手俐

落，通常能把對打速度加快增加精彩度。

（十六）「五梅花」

為開打的一個武打場面套路，通常由一個主將搭配四個兵卒，為武打套路的一種，類似於「點四將」，但又比點四將要來的有難度，其中被點出來的四位兵卒需要翻滾。

（十七）「打鞭」、「放箭」、「地雷火炮」

表現內容即為反將不敵正將時，使用「暗器」傷人的技倆，亦可用埋伏山頭的弓箭傷人、或是飛刀等，通常「打鞭」、「放箭」、「地雷火炮」後，下一臺會接「打摔」。

（十八）「鬥寶」

常用於神怪戲，如《封神榜》。《戰火靈》的火靈聖母與廣成子鬥法，兩人以此「鬥寶」形式，表現火靈聖母的「火靈盔」對上廣成子的「金霞衣」、「翻天印」等。

（十九）「三進三退」

亦指兩人在某特定之情節需要，作拉扯介，左右走位三次，故簡稱「三進三退」，有時亦會作為戲的收場提示動作，通常「三進三退」完會接【尾聲】。

（二十）「三追三趕」

亦指在某特定情節，如雙方對陣時，輸的那方遭兵馬追捕、殺戮等情節，作三次進出舞臺之表演形式。第一次是上場門追趕；第二次下場門追趕；第三次上場門追趕，就會將對方殺死。

以上的術語在幕表戲中，用於講戲先生與演員快速交代展現其方便、效率性。因幕表戲不像一般客家大戲事先經過無數次的排練，演員以自身所學的本事、記憶與臨場反應來帶領文武場操作演出，在舞臺上與鑼鼓音樂合為一體，好比演員如同客人；樂師如同店家，演員想要什麼鑼鼓與曲牌，如同點菜般向樂師點取。

二、幕表戲的「肩膀」分析

「肩膀」有「演員要出臺前」或「演員於舞臺上時」，事先向文武場交代

表演方式之意，大致可分為「視覺性」與「聽覺性」，前者意指演員以手勢的方式，武場樂師目視得知演員下一步表演或演唱的方式為何；後者意指演員發出聲音，武場樂師以聽覺的方式，得知演員的下一步表演或演唱方式為何。文武場樂師以演員動作、聲音、道具以及形象來給予鑼鼓與音樂，演員除了要適應幕表戲的表演形式之外，與文武場樂師的默契配合也成為相當重要的一環，進而演變成一種特殊的戲曲藝術創作。

（一）視覺性

演員暗示	表達意義／解釋
臺上連續跺腳	通知武場要「亂介」
臺內連續跺腳	表示演員要做「看雙邊」之動作
示意馬鞭給武場樂師	通知武場要「趟馬」
兩方兵卒「二龍出水」	兩方將帥在出臺前手持麥克風或是以正面對著觀眾，代表要唸白對罵，通知鼓佬鑼鼓需停住，等候演員進一步暗示，可能需「喊介」，若兩將直接出臺一個四擊頭的亮相，然後背對觀眾，則代表直接「開打」。
穿「蟒」	代表劇中角色為具有官職的帝王、將、相，通常都會唱北管曲調居多
扎「靠」	劇中為武將，通常都是會走「起霸」
演員於幕後出示手勢「大姆指朝下」	欲唱北管福路【導板】
演員在臺內手比拳頭	「開堂」
元帥「開堂」走至臺前雙手抖袖後，抬手遮臉	以「大鑼歸位」並敲打通鼓一下，示意琴師拿嗩吶吹奏曲牌【點絳唇】配合演員身段，演員若是遮臉表示不唱，若是不遮臉就會唱曲牌〔註20〕
演員做「跨腿」加「踢腿」動作	以「四擊頭」配合亮相
演員在開唱中的過門做「拉山膀」	示意文武場樂師接續開唱
演員在臺內五指手指攤平	唱【平板】
演員在臺內五指手指作吹笛子狀	表示要「吹牌」

〔註20〕【點絳唇】唱詞如下：將士英豪，兒郎虎豹，威風浩蕩，三軍勇躍，要把狼煙掃蕩。

（二）聽覺性

演員發出的聲音	表達意義／解釋
演員內喊：「哈」（或「啊」）短音，一個氣口	欲唱北管福路【導板】
演員內喊：「嗯哼」	通知武場要【打引】
演員內喊：「嗯哼、嗯哼」	通知武場要【數板】
演員於舞臺上喊：「呸」	通知武場要「四擊頭」亮相
演員於舞臺上喊：「哎呀」	通知武場要「亂介」
演員出臺前「連續跺腳」	通知武場【急急風】鑼鼓
演員於舞臺上喊：「哎呀，不好了」	欲要【吹牌】
演員若是在臺上走「打捽」，只要喊：「殺敗了！殺敗了！」	欲要【千秋歲】或【風入松】吹牌，演員在吹牌中做動作表現傷重。
演員內喊：「啊嗨」短音	通知樂師要跳臺，「起霸」或「走邊」
演員內白：「內侍，擺駕」	通常是皇帝出場，通知文場下【登基】、【萬壽無疆】
演員內白：「走」短音	代表演員直接走上臺，鼓佬通常會打「水底魚」或「沖頭」
演員於舞臺上喊：「哎呀，且慢！」	通知武場「雙叫頭」
演員於舞臺上喊：「好笑啊！」	通知武場「三叫頭」，通常後面接一個「四擊頭」亮相。
演員於舞臺上叫某某人名字：「哎呀，某某某！」	通知武場「單叫頭」
演員於舞臺上喊：「迎接！」	通知文武場曲牌【三通】
演員任何口白的加重語氣	武場樂師以加重語氣給予「一鑼」、「喊介」、「五鑼」做配合。
演員內白：「喔～」	「開堂」，文場嗩吶吹奏曲牌【慢吹場】，至眾兵卒於舞臺兩旁站定後，四擊頭送出元帥
元帥口白：「眾將過來，聽我號令～」	武場樂師以【導板】鑼鼓，指示文場琴師拉奏【導板】板式唱腔，以「四擊頭」配合演員亮相，開啟唱腔。
演員口白：「待我施法也～」	通常為神怪戲系列，鼓佬直接開【梆子腔】，接北管曲牌【風入松】或是【上小樓】、【下小樓】搭配演員佈置陣圖或施法。
演員於幕後唸：「來去喔」或「唉～」長音	表示演員要唱採茶或客家小調上場。

以上「肩膀」分析是筆者依據在文和傳奇戲劇團演出幕表戲所記錄而成，但並不代表所有客家戲及歌仔戲於幕表戲演出的「肩膀」都相同，但大致上只要依照上表操作，幕表戲樂師都能給出鑼鼓及曲牌、音樂等等。

三、演員給「肩膀」與樂師的合作要點

在定本戲的演出中，所有東西都是被固定下來照本操練，但幕表戲的演出就完全看樂師和演員「給肩膀（術語）」的臨場互動了。關於樂師依據演員的「肩膀」提示啟動鑼鼓與音樂，蔡晏榕提到：

> 最能直接且明確掌握演員使用之表演手法，則須依靠演員的暗示，
> 包含聲音、動作、手勢抑或是出示手上道具。暗示的內容包含唱腔、
> 唸白、小段的身段動作或為成套的表演「站頭」。〔註21〕

在演出前只有大致的情節概要，其餘在臺上臨場觸發，演員的表演如此，樂師的伴奏更是如此，因而高度仰賴臨場的默契配合。幕表戲演出有一定的程式可依循，情境與程式以及曲牌的搭配是固定的，如筆者訪問資深武場樂師朱作民他提到：

> 「開堂」一定是下【一支香】接【點將唇】接【三通】；報誰來了，
> 開中門「迎接」，一定是打【三通】；皇帝出場喊「內侍，擺駕」一
> 定打【登基】。基本上早期還分的更細，有皇帝跟大臣的曲牌，但現
> 在都比較少了。喊「哎呀，不好了」以及「看信、寫信」都是打【三
> 槍】；喊「眾將官，悄悄入進」不是打【風入松】就是【三通】，這
> 些都是固定的套路，從以前到現在都一樣，也是身為樂師要熟記的
> 固定套路。〔註22〕

戲中的情節鋪陳更有許多具備固定的程式，即所謂「站頭」、「肉子」、「程式套語」。演員在學戲初期，都要熟背幾齣「定本戲」的核心段子，熟記劇中各種「情境套語」，作為其他劇目演出的表演依據。「肉子」既是演員的表演依據，也是樂師的演奏依據，可以視為樂師和演員的既定「共識」。樂師和演員一樣，剛入門也是要熟記各齣定本戲的演奏方式，只要講戲先生說出一齣戲的某個站頭，這樣雙方大致上就有個底了。幕表戲演出的編創，對於演員和

〔註21〕蔡晏榕《客家外臺戲「活戲」表演及其鑼鼓運用》，國立臺北藝術大學音樂學院傳統音樂學系碩士論文，2013 年，頁 75。

〔註22〕筆者訪問資深武場樂師朱作民（時間：2018 年 9 月 12 日晚上 6 點，地點：板橋大井頭福德祠）。

樂師而言，既是技藝也是記憶的展現，同時也是能力的開發。樂師的伴奏要先依循既定套式，而在套式之外，則仰賴演員或樂師的選擇及變通。對於演員給肩膀與樂師的配合，筆者訪問歌仔戲演員周聖淵，他提及：

> 武戲耍花槍要亮相前，都會給一個暗號，「呸」一聲鼓佬就會給「四擊頭」。若是要「亂介」有分視覺或聽覺，視覺就是腳踩地板；聽覺就是一樣腳剁地喊聲「哎呀」。〔註23〕

筆者訪問資深武場樂師朱作民，對於演員給肩膀與喊介，他認為：

> 基本上都是聽演員的氣口來判斷，像是「可惱啊」、「哎呀且住」就是「叫頭」；「好笑啊」就是「三笑」；「不好了」就是「三腔」；「吠！馬來啊」就是「趟馬」，根本不是馬鞭放在旁邊給鼓佬看，不然怎麼會有「吠！（鄧等本倉倉頃倉）馬來啊！（嘟……絲邊）」這些口白它就是跟鑼鼓配合在一塊的。現在的演員都會腳踩地板提示鼓佬要「亂槌」、「急急風」等，以前是沒有這樣的，後來會出現這樣的情況，是因為打鼓佬的學養不夠，演員比鼓佬懂，就會用較誇張的動作去提示鼓佬，才會出現演員腳剁地板。然而，京劇似乎認為演員踩臺板是在罵出紕漏的人，我自己認為演員這樣做對打鼓佬很不禮貌，正確的「亂槌」我們是看演員喊「（哎呀），雙手合掌攤開、抖手」這才是正確的。以前是各自靠功夫，演員有功夫，樂師也有功夫，就像我跟我的下手溝通，我是用我的「鼓楗子」，不是用嘴巴講說我要什麼，我只靠手上鼓楗子的手勢去提示下手現在要打什麼，相對跟演員也是這樣，演員用術語跟我們溝通，用口白的語氣跟我們說他要什麼東西。會衍生出這些邪門歪道的作法，根本亂了套，要是有演員對我這樣做，我不會打給他，不是我要脾氣，是要讓他們知道這個做法是不正當的。現在劇校教育也不夠正當，老師不會告訴樂師或演員我這邊說什麼樂師會給什麼，術語與樂師的連結非常重要，這是兩者之間溝通的橋樑。像是武戲把子也是一樣，把子也有它的術語，把子有分「上把、下把」，通常都會打兩次，那我只要第一次看完，我就知道第二套會收在哪裡，只要看到打「鼻子、腰封（把子的術語）」我們鼓佬就知道要收「四擊頭」了。演員的亮

〔註23〕筆者訪問臺中小金枝歌劇團團員周聖淵（時間：2018 年 7 月 25 日下午 2 點，地點：Cupgaze Café 下午茶店（臺中市西區博館一街 13 號））。

相，像是鷂子翻身接什麼的，就是要靠經驗去詮釋了，但演員與鼓佬之間都會知道「四擊頭：搭疊倉倉打八倉才倉」裡的「才」就是預備亮相，等到「倉」就剛好搭在一塊。〔註24〕

術語與鑼鼓有約定俗成的搭配，這些術語不是單獨存在，如上文提到的「吠！（鄧等本倉倉頃倉）馬來啊！（嘟……絲邊）」就是一套約定俗成的搭配。文場樂師周毓書也指出：

> 其實老藝人跟我們說「打鼓要聽尾聲」，演員的聲音表現很重要，尤其是在尾句，我們所說的「氣口」這是讓樂師去判斷你下一步動機的主要依據。喊介喊的明，樂師才知道你要什麼東西，但現在演員在出臺要唱歌時，都是喊「唉～」，已經有些分不出來了，因為幾乎唱什麼都是這樣喊，所以就變成樂師要看演員的身份或是行當去分別，要是你沒有說要唱什麼，樂師就依他所判斷的去落歌，樂師下什麼你就得唱什麼了。〔註25〕

演員與樂師在臺上的配合不外乎來自肩膀的溝通，倘若演員不事先交代，上臺又未給術語及「肩膀」表示欲唱的曲調時，則有賴於樂師的選擇和變通。通常樂師選擇曲調所根據的原則在於演員的行當、身份、情境氛圍，文場樂師周毓書明確指出：

> 通常演員沒給明確指示，我會用「刪去法」的方式，如高興的有那麼多首歌，我就會把比較不合適的都先刪除，剩下的就是判斷我跟這演員熟不熟，熟的話他會唱的歌我大概就會知道是哪首，假如不熟的演員就會以通用的「國歌」，這樣就會比較好判斷。這是我自己在經驗中累積的方法，其實我最怕演員跟我說：「老師，幫我彈最簡單的」，什麼是最簡單的？像是我覺得【平板】很簡單，但對你而言卻覺得很難，這要怎麼去定義？我哥煌翔跟我說，外臺就是互相考試的時候，我在考驗你會不會唱這首歌；你在考驗我會不會演奏這首歌，所以就是多學一些東西放在腹內。有些演員會不打暗語，所以我開什麼你就要唱什麼，若是硬轉成你要唱的，那就是你

〔註24〕筆者訪問資深武場樂師朱作民（時間：2018 年 9 月 12 日晚上 6 點，地點：板橋大井頭福德祠）。

〔註25〕筆者訪問文場樂師周毓書（時間：2018 年 9 月 12 日早上 11 點，地點：板橋丹堤咖啡（新北市板橋區民生路二段 237 號））。

的不專業，不尊重樂師，但很少會這樣。其實樂師要看戲，這樣才會清楚知道演員在戲裡的情緒，下一臺的情緒會有所連貫，就會比較清楚要下什麼歌給他。（問：可以大概舉例看到哪些角色會開哪些歌嗎？）像包公就會開北管、南管或京劇，再細分會看他是男生（粗角）就一定會開外江的給他唱，要是是女生演的，就會開北管；神仙就是【梆子腔】，但有些不想唱【梆子腔】就『打引』；鬼的話就只有【陰板】可以選擇等等。〔註26〕

演員在未給肩膀的情況下，樂師會依照角色行當與外在形象、情緒做最直接的判斷，只要歌一下，演員自然而然就會唱，想當然能站在臺上當主角並不容易，每個曲調的旋律都必須熟記，得具備「聽音辨曲」的能力，隨時「見招拆招」。有時一首歌可以連唱好幾段，樂師也會依照演員口白的速度給一個相對等的節奏，有好腹內的演員可以連唱半小時不停。如上文所提「外臺就是互相考試的時候，我在考驗你會不會唱這首歌；你在考驗我會不會演奏這首歌」，倘若樂師跟演員很熟，有長期合作的關係，或許可以直接省略掉給肩膀的步驟。文場有時會示意的給幾個音，提醒演員此段落的情境適合下歌，雙方互相配合鋪陳劇情節奏。

外臺環境的吵雜可能造成樂師無法接收到訊息的狀況，這時就會變成引導錯誤的提示：

基本上要是遇到這個問題，我們會開比較保險的鑼鼓或是音樂給演員，讓演員自己開唱。〔註27〕

有一次就有一個演員要唱【都馬調】，他就跟我講都馬（臺語發音），然後因為廟方這邊剛好在做法會又放鞭炮，我看他嘴型看成【怒罵】，都馬跟怒罵聽起來也很像，結果我就開給他【怒罵】，他只好硬唱完。〔註28〕

之所以幕表戲的演出會那麼的活，都因隨時可能會有突發狀況發生，只能當下「見招拆招」。

〔註26〕筆者訪問文場樂師周毓書（時間：2018 年 9 月 12 日早上 11 點，地點：板橋丹堤咖啡（新北市板橋區民生路二段 237 號））。

〔註27〕筆者訪問資深武場樂師朱作民（時間：2018 年 9 月 12 日晚上 6 點，地點：板橋大井頭福德祠）。

〔註28〕筆者訪問文場樂師周毓書（時間：2018 年 9 月 12 日早上 11 點，地點：板橋丹堤咖啡（新北市板橋區民生路二段 237 號））。

筆者在幕表戲演出已有八年之久，深深認為那些術語與「肩膀」，都是幕表戲固定的模式並隨著一脈傳承而來，故聽到朱作民所敘述才恍然大悟，原來自己一直都是在非傳統的方式中學習，就如周毓書與朱作民所說，現在的幕表戲演出已無對錯之分，即使老藝人知道最初傳統規範卻不一定會指正，而這項傳統藝術逐漸失傳，爾後再傳到下一代，那些原本受規定的傳統藝術原貌，儼然已被埋葬在那些老藝人的「記憶」之中。

第三節　日戲莊嚴、夜戲活潑的表演型態

客家採茶大戲在內臺或外臺時期的演出，都有日戲與夜戲之分。在 1950 年以前，採茶戲還並未以民間酬神戲為重要對象，儘管有部分內臺改良戲班也兼演外臺戲，但演出重心仍在內臺商業戲院。內臺沒落後，改良採茶戲憑藉「適俗」與「娛眾」的魅力，1950 至 60 年代承襲了原是亂彈戲班與四平戲班的外臺領域，甚至在 1970 年代末期，亂彈戲班面臨散班的危機。1960 年後，改良客家戲的表演場域逐漸轉向外臺場域，迄今，客家戲班乃以外臺戲為重。進入酬神戲場域後，改良採茶戲的艷情小戲特質，與廟方的神聖性格扞格不入，例如廟方對於劇種唱腔有特定的審美需求，以符合酬神所需的莊嚴與神聖氣氛。大部分的廟方會要求改良採茶戲班在午戲必須唱「曲」，夜戲才能唱採茶調〔註29〕，因此衍生出日戲莊嚴、夜戲活潑的特色。

日戲演出較正統、嚴肅、有歷史典故的歷史劇，例如《三國演義》、《楊門女將》、《水滸傳》、《西遊記》、《封神榜〔註30〕》等，便是一齣唱曲比較正式及隆重的戲，音樂則運用京劇、亂彈、四平、北管戲的唱腔。此種現象也顯現出，客家戲過去吸收了成熟劇種的劇目外，也承襲了其唱腔，亦有部分源自面對廟方的多元要求，使得戲班多元發展。

夜戲演出較輕鬆活潑的家庭倫理劇為主，曲調唱腔則以客家的平板、採

〔註29〕蘇秀婷《臺灣客家採茶戲之發展及其文本形成研究》，（國立政治大學中國文學系博士學位論文，2011 年），頁 125。

〔註30〕戲班通常忌諱搬演《封神榜》，將其視為戲班禁忌，筆者訪問文和傳奇戲劇團團長劉政結先生，他曾聽老藝師說過：「歌仔戲班禁演封神演義，形容「戲班尾」（劇團散班的意思）但客家戲班則無此禁忌。又有一說，演封神榜若是在演出中，沒有演到已被封的神仙，會對這個劇團帶來厄運。」訪問時間：2018 年 7 月 6 日 19：00 地點：文和傳奇戲劇團（臺北市士林區重慶北路四段 97 號 3 樓）。

茶、山歌及小調。劇情多半是講述忠孝節義、家庭道德倫理的戲,例如《三娘教子》、《乞丐養狀元》、《雙釘記》等。早期臺灣客家戲在外臺酬神戲的演出中有「日唱四平、夜唱採茶」的說法,而這套模式是從內臺時期過度而來,內臺戲多半在客家庄演出,白天演「古路戲」,晚上演採茶、山歌,有時應觀眾要求,必需唱流行歌曲或是跳舞。

一、日戲表演特色

　　簡易來說,會出現「日唱四平」的俚語是受整個歷史脈落的變遷與轉變,最主要的原因是受到日治時期中國戲班大量來臺的商業演出,有利可圖的刺激,外加上戲劇市場所需,觀眾需求造就的現有形式樣態。

　　「四平」也稱之為「古路」,演出講究劇情的連貫性,重視武戲場面、演員身段。

　　根據客家資深藝人黃秀滿的說法表示:

> 因為下午都是老戲迷來看戲,而大多數老戲迷都是看慣了京戲的表演,所以演四平戲比較熱鬧;晚上則是婦人家來看,比較喜歡採茶或歌仔〔註31〕。

以觀眾喜愛與需求作為戲劇型態之改變,一直是戲劇生存的指標。謝一如對此也指出:

> 在客家地區一般廟會的演出,白天通常不演採茶戲,而演京劇、亂彈或四平戲。因為採茶戲的唱腔來自山歌、小調,而山歌、小調原是一些男女調笑戲謔所唱的曲調,其內容較不適合正式場合,在人們印象裡被認為是不登大雅之堂的表演,而廟會所演本是給神明看,所以一般人覺得白天演採茶戲比較不莊重,因此不演採茶戲。民間認為「唱曲」是正音,又因其使用官話演出,因此這樣的演出比較正式,適合演給「神明」看。所以白天多演這類所謂「大戲」,晚上才演採茶戲。〔註32〕

黃心穎也指出:

> 有些戲班演出把採茶戲和京劇合在一起,以小旦唱採茶調,生角、

〔註31〕筆者訪問黃秀滿老藝人(地點:桃園市平鎮區合作街黃秀滿老師家。時間:2017年10月26號下午4點)。

〔註32〕謝一如、徐進堯《臺灣客家三腳採茶戲與客家採茶大戲》,(新竹縣竹北市:竹縣文化局,2002年),頁145。

男性唱京劇，而有的戲班本唱北管，在採茶戲大受歡迎的情勢下，也演起採茶來了；這些本不是採茶班的劇團，到了內臺，有日演京劇、北管、四平，晚上演採茶的慣例。〔註33〕

謝佳玲也提出：

> 對日戲的戲齣安排和地方節慶廟會的宗教性有關。雖然主要的祭典儀式通常和戲班的扮仙戲安排在上午，但下午日戲演出的時候地方廟宇的祭典儀式有的尚未結束，或至少下午也還有信徒要到廟中參拜，此時作的戲便同時具有「給神看」以及「給人看」的性質。
>
> ……廟中參與節慶舉辦的廟宇管理委員談及請戲班作戲……日戲的演出他們還是會去注意戲班安排哪個戲目上演，因為下午的戲是要給神看的「正戲」，所以不能亂演，必需有「歷史根據」才行，唱戲時最好要唱曲，即京劇、四平及亂彈的唱腔，尤其大官大將的角色是不唱客家平板或其他山歌小調的。〔註34〕

日戲演出戲碼受廟方基於民間宗教信仰的觀點而對其有所要求與規定，長期下來也規範了戲班在日戲的演出型態模式。在限定人物上的唱曲也有所規定，如關公及包公的角色，只唱外江〔註35〕，若是唱客家平板及小調會顯不夠莊嚴穩重，唱外江才能凸顯人物性格，相較起來也較威風氣勢，因此在日戲的演出也容易出現「三下鍋」的情形，客語與國語韻白的對話以及唱曲出現京劇及亂彈、四平曲調。蘇秀婷對此也提出：

> 外臺的改良採茶戲班已無法如同某些內臺戲班演全本京戲或四平戲。1960年代之後的外臺改良戲班幾乎都以「烏摻逗」的方式演出。〔註36〕

〔註33〕黃心穎《臺灣的客家戲》，臺北市：臺灣書店，1998年初版，頁35。

〔註34〕謝佳玲《客家戲班的文化展演：以新竹地區三個客家戲班為例》，國立中央大學客家社會文化研究所碩士論文，2010年6月，頁61～62。

〔註35〕「外江戲」或「外江」常指京劇，或稱為「正音」、「京戲」。也有一說是老藝人認為外來劇種都通稱為「外江」。

〔註36〕戲中運用的唱腔並非單一劇種，依戲班內藝人的專長，以及演出對手之間的相互搭配，而運用外江、四平、亂彈、採茶、歌仔唱腔。日戲的歷史戲齣，以外江、四平、亂彈等大戲唱腔為主；夜戲的家庭戲齣，則採茶、歌仔、流行歌為主。蘇秀婷《臺灣客家採茶戲之發展及其文本形成研究》，（國立政治大學中國文學系博士學位論文，2011年），頁133。

客觀來說，日戲演出較不是「正統」的客家戲演出狀態，而是受到廟方、信徒傳統民間信仰的觀念，及長久累積下的模式所影響，以至於出現「烏摻逗」、「諸腔並陳」的表演風格呈現。

二、夜戲表演特色

現今客家外臺幕表戲的夜戲大約是在晚上七點半演出，有時因應地區緣故，為不影響住戶安寧，爐主或廟方委員就會要求提前半小時演出，戲碼以客家採茶大戲為主，無廟宇宗教儀式的牽掛與限制，對此蔡晏榕也說：

> 夜戲在劇情故事上，沒有日戲來得嚴肅，多半演出愛情故事、傳奇
> 或是家庭倫理戲、神怪戲等，劇目較多元。〔註37〕

通常都是戲班自己選戲演，唯獨限制結局不宜死人或是悲劇收場，廟方不希望因此觸信眾霉頭。主要是服務觀眾的「娛人戲」，在戲碼上會偏向家庭倫理教化、愛恨情仇、因果關係為主的戲齣，如：《三娘教子》、《婆媳冤家》、《一門雙喜》、《雙釘記》、《血海深仇》等，有時也會有歷史朝代背景的戲，如：《觀音收大鵬》、《顏春敏斬義妹》（亦稱《包公斬義妹》）等。

由於客家庄夜戲幾乎以家庭倫理劇的文戲為主，純用唱段鋪陳角色心境；但也有少數觀眾也喜歡看熱鬧，因此改良採茶戲班在演外臺時，發展出一套特定的情節模式，即為「武戲」加「文戲」的情節架構，以因應外臺的流動性人潮。為了吸引觀眾目光，開頭安插武戲片段，在劇情上設計為攻打番邦、外族入侵、攻打莊園等情節，在戲班將這段武戲演出稱為「攻關頭」或「攻關」、「打關」。

通常武戲以熱鬧的武打場面，以及鑼鼓聲響吸引當地聚集看戲人潮，內容有時與故事情節相關，有時則毫無關聯。文戲情節大致以小生、苦旦為主的親情倫理劇情，以細膩的唱段鋪陳劇中人物曲折的命運、角色性格。因廟方的要求與及客家鄉親的期待，全劇的結局通常都是由悲轉喜的圓滿大團圓收場。為符合廟方神誕、慶典的特質，客家戲班在挑選劇目時，都會將原是悲劇的戲直接更改以喜劇收尾，久而久之，在客家庄演出的劇團逐漸形成圓滿收尾的結局走向。

唱曲方面，經常安插其他劇種曲調，以採茶、歌仔、流行歌為主，歌仔

〔註37〕蔡晏榕《客家外臺戲「活戲」表演及其鑼鼓運用》，國立臺北藝術大學音樂學院傳統音樂學系碩士論文，2013年，頁37。

調大多數以七字、都馬、變調。然而安插其他劇種的曲調絕大部分是為了因
應觀眾的需求，謝佳玲指出：

> 夜戲是完完全全要演給地方民眾觀賞的戲齣，因此夜戲的客家文化
> 展演反應出來的，是客家戲班演員及觀眾所受到的周遭文化刺激及
> 喜好。一齣夜戲基本上還是會有日戲演出已具備的京劇、四平、亂
> 彈、歌仔等元素，當然客家平板及其他各種山歌小調也是不會少的，
> 通常還會加上日語、閩南語、國語的「流行歌曲」，在這裡的「流行
> 歌曲」，其實是指至少五十歲以上的老演員他們年輕時所流行的歌
> 曲，在現在看來其實是老歌。〔註38〕

> 在唱男歡女愛的夜戲時，為了要吸引更廣大的觀眾群，除了運用原
> 本在客家庄就受到歡迎的山歌採茶，廣泛流行在臺灣社會的歌仔與
> 時下流行歌，也被加入了客家戲班的戲曲展演。〔註39〕

客家戲在地方民間的外臺演出，主要顧及觀眾喜好，為此在演出中安插各種
元素是不可避免的，而歌仔戲以本身劇種曲調、北管、臺語流行歌曲為主，
並不會安插客家曲調。客家戲會安插歌仔調與夜戲唱臺語流行歌，這跟族群
在臺灣佔的人口比例有絕大多數關聯。而臺語流行歌之所以與民間戲劇緊密
結合，在〈臺灣歌仔戲引用流行歌曲的途徑與發展原因〉的期刊論文中指出：

> 戰後由於廣播歌仔戲、和電視歌仔戲蓬勃發展，對於新曲調的需求
> 促使當代的流行歌曲持續被歌仔戲借用。另一方面大量新編劇目
> 的產生，讓歌仔戲在音樂上也想追求新穎變化，流行歌曲的新奇感
> 有助於演員的表演、並且受到觀眾歡迎；特別是在新編的「胡撇仔
> 戲」當中，流行歌曲所占的篇幅日益擴大，幫助歌仔戲可以和其他
> 的通俗娛樂展開競爭。臺灣歌仔戲和流行音樂持續不斷地交流，讓
> 流行歌曲的歌詞內容、或是歌曲意境都深入地融合在歌仔戲的表
> 演之中。

> 「活戲」的表演形式為流行音樂留下寬廣的發展空間；以及大眾文
> 化中的「商業性」要求促成了流行歌與戲劇表演的結合。

〔註38〕謝佳玲《客家戲班的文化展演：以新竹地區三個客家戲班為例》，國立中央大
學客家社會文化研究所碩士論文，2010年，頁65。
〔註39〕謝佳玲《客家戲班的文化展演：以新竹地區三個客家戲班為例》，國立中央大
學客家社會文化研究所碩士論文，2010年，頁68。

從歌仔戲的發展歷史上來觀察，流行歌進入臺灣歌仔戲的表演體系
中是一種「必然」；經過了時間的演進，流行歌曲已經成為歌仔戲音
樂中的「必要」。在臺灣歌仔戲從「民間文化」過渡到「大眾文化」
的歷程中，從吸收「民謠」到引進「流行歌曲」無疑是一個重要的
特徵。〔註40〕

當時許多流行歌的作曲家，同時也是歌仔戲班的樂師，許多演唱流行歌的歌
手也會唱歌仔戲。在這樣密切的交流合作中，歌仔戲引進許多流行歌曲在戲
中使用，這些新曲調透過唱片傳播之後，流行歌就變成歌仔戲舞臺上常用的
曲調，像是【人道】、【心酸酸】等。除此之外，還發展出配合流行歌的表演
套路，像是「酒醉唱失戀歌」等，讓流行歌與戲劇的結合更為密切，流行歌
的旋律融入臺灣歌仔戲音樂中已經成為一個鮮明的印記〔註41〕。民間戲劇
與當代音樂的互相交流，是大眾文化傳播中一種必然的結果，如歌仔戲與客
家戲在形成大戲初期，吸收各劇種的曲調唱腔，這些不同來源的音樂都是其
重要養分。

筆者也嘗試探討為何客家歌謠或是流行歌流入客家戲相較臺語流行歌
來說較些微？以族群來切入此問題，了解在臺灣閩南族群人口佔了大多數，
歌仔戲在演出時就直接設定觀眾聽得懂閩南語，也已習慣看歌仔戲與聽臺
語流行歌，而大多數客家戲演員會到閩南庄演出歌仔戲；反之，歌仔戲演員
不會唱客家調，更不會去客家庄演出；因此客家戲班為了讓絕大多數的閩
南族群對自身劇種有更近一步的連結，語言成為必要條件，因此安插歌仔
調與臺語流行歌在戲劇中呈現，能拉近閩南族群的距離。

對於有日夜戲之分的表演型態特色來說，因而衍生出下午演京劇、四平、
亂彈戲齣、唱曲不用客家曲調來演唱、使用官話（韻白）演出，據筆者所知，
一般廟會演出，早上扮仙是酬神戲（請神），下午則是正戲（娛神），因此會覺
得演京劇、亂彈或四平較為合適與莊重，到了晚上則是演採茶戲（娛人）娛
樂當地居民。如黃心穎提及：「而有的戲班本唱北管，在採茶戲大受歡迎的情
勢下，也演起採茶來了〔註42〕」可以看出當時採茶戲相當熱門，北管戲班為

〔註40〕劉南芳〈臺灣歌仔戲引用流行歌曲的途徑與發展原因〉，《臺灣文學研究》，第
　　　　10期，2016年6月，頁137～138。
〔註41〕劉南芳〈臺灣歌仔戲引用流行歌曲的途徑與發展原因〉，《臺灣文學研究》，第
　　　　10期，2016年6月，頁143。
〔註42〕黃心穎《臺灣的客家戲》，臺北市：臺灣書店，1998年初版，頁35。

了吸引觀眾前來看戲，在戲中加入採茶戲，這也是「戲路隨商路」的主要原因。

總言之，內臺時期的劇種壁壘分明，在 1960 年代後改良採茶戲從內臺過度到外臺場域，為適應外臺演出生態，必須學會多種唱腔，以應付各地觀眾不同的看戲需求。因此，演出呈現「烏摻逗」、「諸腔並存」的現象，成為外臺演出的形式特色。此一「諸腔並存」的現象，固然是改良採茶適應及嘗試後所演化的外臺場域結果，在表演實踐中，實涉及採茶戲的小戲特質與外來劇種的大戲體制，兩者相輔相成的演出邏輯。

第四節　幕表戲中的「定本戲」

一、即興中被固定下來的「站頭」（肉子）

在傳統戲曲舞臺上，歷史較久的大劇種，如京劇、崑曲、亂彈、梨園戲，多有固定的劇（曲）本或抄本，俗稱「總綱」，內含戲文曲詞、曲調、鑼鼓點，甚至還有角色穿關、舞臺指示，演出也以劇本（抄本）為準。歷史較短的戲曲源自民間說唱、小戲，只有唱本，尚未形成固定、完整的戲文。在發展過程中深受其他劇種的影響，表演體系逐漸完備，並擷取其他劇種之劇本加以敷演，或以幕表戲、說戲的方式，抓住劇情大綱，由演員自由發揮。〔註 43〕

相對的，即便是幕表戲演出，若是一齣劇由同一群人不斷的重複演出，這些受觀眾歡迎的站頭（橋段）、臺詞及唱腔會漸漸被固定下來，成為「定型劇」，甚至書寫下來成為「劇本戲」。然在中國民間稱之為賦子、肉子、鐵本，而中國民間藝人稱在幕表戲中被固定下來的為「橋路唱鐵」：

> 有些劇目經過多次的反覆演出，唱詞、念白得以不斷豐富加工，其中一些精彩的、在情節上相對完整的單折戲，或者整本戲，逐步固定下來，成為「唱鐵了」的「鐵本」，藝人稱之為「橋路唱鐵」。如《二度梅》中的《重臺別》，《五虎平西》中的《觀花》，《粉妝樓》中的《大審柏玉霜》等便屬於條綱戲中的「鐵本」。〔註 44〕

〔註 43〕邱坤良《飄浪舞臺：臺灣大眾劇場年代》，遠流出版事業股份有限公司，2008年 9 月，頁 102。

〔註 44〕鄭劭榮、譚研〈辰河高腔「條綱戲」的編創及其演劇形態探究〉，《文化遺產》，2012 年，第 4 期，頁 80。

那些被固定下來的站頭，從定本戲擷取而來，再由定本戲演變成幕表戲，中國民間藝人稱為「鐵本唱活」：

> 在當地，藝人稱此類條綱戲為「半死半活」，即每本戲中的重點場次，除交代情節的過場戲外，大部分唱詞、曲牌、詩以及對聯是固定的，只有賓白是演出時由演員依條綱臨時編說……這些劇目，過去是有劇本的，在長期流傳過程中，劇本逐漸失傳，但因其中少數重點場次常作單折演出，所以留下鐵本；而大部分則只傳曲文，其餘情節便形成條綱，產生了一批「半死半活」的劇目〔註45〕

「定本轉向幕表戲」的形式，無論是「橋路唱鐵」或是「鐵本唱活」，兩者都有一個共同的依據，即被固定下來的往往是劇中的「核心場次、核心唱段」。

關於幕表戲的文本結構，藝人將劇情骨架與演出表現以「骨」和「肉」來比喻，其中「骨架」部分由講戲先生以「臺數」為單位，內容為角色、場景、劇情特定的情節骨幹；「戲肉」部分由演員和樂師協力，將劇情以唱唸做打來表現舞臺演出〔註46〕。中國民間戲班也以「骨」和「肉」來比喻，如張繼舜、韓國炎蒐集整理的《越劇傳統賦子選輯》中說明中國民間科班演員習藝時，經常由師傅傳授一些「賦子〔註47〕」或「肉子〔註48〕」。

〔註45〕鄭劭榮、譚研〈辰河高腔「條綱戲」的編創及其演劇形態探究〉，《文化遺產》，2012 年，第 4 期，頁 80。

〔註46〕蘇秀婷《臺灣客家採茶戲之發展及其文本形成研究》，（國立政治大學中國文學系博士學位論文，2011 年），頁 203。

〔註47〕「賦子」：早期演出中的一些稍加變動即可靈活運用於任何劇碼的唱詞套路。由於它們都是某一特定場景或物象的一般描述，長於鋪敘，相當於古詩中賦、比、興的「賦」，故稱「賦子」。如「街坊賦子」、「茶坊賦子」、「廳堂賦子」、「壽堂賦子」、「佛堂賦子」、「春景賦子」、「夜景賦子」、「花園賦子」、「大話賦子」等。根據演出需要，演員發揮應變能力，可唱二三十句，也可僅唱其中四至六句，比較靈活。「賦子」原出於傳書唱本和佛教故事「宣卷」，越劇的前身落地唱書中即有廣泛運用，後在舞臺演出的「路頭戲」中，更是師徒同行代代相傳。某些優秀藝人由於才思敏捷和經驗豐富，能將「賦子」用得十分妥貼而生動別致。（出自張繼舜、韓國炎《越劇傳統賦子選輯》，（嵊縣政協文史資料委員會編《越劇溯源》），（浙江：浙江文藝出版社，1992 年 9 月第 1 版），頁 105～118。）

〔註48〕「肉子」：指一些多次運用的「賦子」，演變成為某些劇碼中為觀眾普遍歡迎的、相對固定的唱詞或道白，緊扣劇情和人物心理，有血有肉，已不同於「賦子」的泛泛描述，故稱「肉子」。如《梁山伯與祝英臺》劇中的「十八相送」和「樓臺會」，經過幾代藝人的反覆演出，唱詞道白都已相對固定，缺少了它們，《梁祝》就不復存在。將它們搬用到別的戲裏就不適用，因而這些唱詞道

幕表戲的演出劇目中，有些劇目不全然是「全活戲」，對於有些家喻戶曉、觀眾倒背如流的熟戲，有其規範的演法，劉南芳指出：

> 歌仔戲雖然是以「活戲」方式演出，但是戲班在演出傳統劇目時，有些段落的唱詞、演法必須要保留，像是「雪梅思君」、「王寶釧寫血書」……等等，如果演員不依照傳統、隨意發揮，馬上就會受到觀眾的質疑。筆者曾經訪問過顏木耳女士，她年輕的時候演苦旦，戲班曾經被請主點戲，要演《石平貴與王寶釧》，當時她對這齣戲不熟，在寫血書的時候自己隨口編了些唱詞，演出後被觀眾批評她「演王寶釧連血書都不會寫，做什麼苦旦……」〔註49〕

劉南芳在書中也提出「王寶釧寫血書」其實沒有明確的規範及定型的唱詞，不會被制約到如京劇《霸王別姬》的霸王出臺要走幾步到臺口等如此講究。這種傳統路子是依據觀眾看戲的經驗累積，而這些累積逐漸成為演員之間遵循的模子，觀眾在看戲時會出現一種期待性的「比較心態」，看戲時，精彩絕倫的橋段很容易讓觀眾留下深刻印象；當再次看到相同橋段時，觀眾會因抱持著過度期待的比較心態，而容易從期待走向失望。因此幕表戲跟京劇不同在於，京劇是依循流派藝術大師的方法傳承下來；但地方戲並無有派別之分，僅依循觀眾的心理期待而固定下來。

幕表戲在口頭傳唱之間，或許會經過許多的更動，在內臺時期的講戲先生大多都有豐富的「腹內」，於重要的戲劇情境都會將口白及唱詞定型，而「定型劇」若不被文字固定，只要演出成員更動，便立刻鬆動；「劇本戲」也可能被熟悉幕表制的人以「提綱」的方式，快速吸收移植（稱為「撿戲」）成為他團另一齣新的幕表戲。這種高度不穩定特質，增加了掌握幕表戲劇目的困難度。根據洪琪、洪玨在〈邕劇「提綱戲」初探〉一文中提到傳統劇目大多是一種「舞臺記錄本」的形式，從幕表戲的提綱本完成演出後，將其

白就成了《梁祝》的「肉子」，「十八相送」和「樓臺會」也成了《梁祝》中的「肉子戲」，演出《梁祝》，其餘場次盡可「攢路頭」，而這兩段戲卻只能按「肉子戲」演出，否則便會招人嘲罵。越劇科班授徒傳藝，除了教會一些一般「賦子」以外，還要教會徒弟幾齣「肉子戲」，以便藝徒掌握扮演人物的基本技能。（出自張繼舜、韓國炎《越劇傳統賦子選輯》，(嵊縣政協文史資料委員會編《越劇溯源》)，(浙江：浙江文藝出版社，1992年9月第1版)，頁105～118。)

〔註49〕劉南芳《臺灣歌仔戲中的活戲套路及程式語言》，臺北市：文津出版社，初版，2016年4月，頁79。

記錄成本的性質：

> 邕劇藝人創作演出了大量的「隨機應變」、「發海水」的提綱戲，直
> 至 20 世紀 50 年代初，南寧市人民邕劇團成立之後，這樣的提綱戲
> 仍然時有演出。當時除了洪高明新編的《紅布恨》、《垂金扇》、《金
> 鱗記》、《百鳥衣》、《鍾無艷》等劇目之外，幾乎所有傳統戲都是以
> 提綱戲方式操作。如《攔江劫斗》……最早是由老藝人黃三順發掘
> 口授、洪高明寫出提綱，張貼在後臺「雜邊」一側，開演前黃三順
> 對全體演職員講解（即「講戲」），然後大家按提綱要求共同演出，
> 事後才記錄成文。〔註50〕

根據上文可以清楚知道邕劇的《攔江劫斗》一劇，只有在第一次演出依據提
綱本並採取幕表戲的演出形式，文中提及「事後才記錄成文」，便能瞭解在第
二次演出時儼然已成為「定本戲」的演出形式，但是否被完全記錄成本？或
以「半活戲」的形式記錄了重要場次的「肉子戲」？

　　然而也有將「提綱木」全部轉向「定本戲」的情形，如中國山西興縣楊
家坡劇團：

> 在編演戲上，興縣楊家坡群眾劇團是由村幹部、勞動英雄、劇團的
> 同志們根據村中的實際情況確定了要宣傳什麼，於是大家湊材料、
> 大家出主意，由幾個人搭起架子來，結構成一個輪廓，眾人往裡填
> 肉（湊情節、人物性格、臺詞、動作），或者是先確定了大概故事，
> 就分配演員，由演員根據劇情自己創造臺詞動作。一面編、一面排、
> 一面修改，小學教員就記成了劇本。〔註51〕

約翰‧馬丁（John Martin，1951～）在《跨文化表演手冊》（*The Intercultural
Performance Hanbook*）中指出「即興技巧在戲劇中的運用有三種情形：「排練
前」、「排練中」，以及「表演中」。〔註52〕」即是當今即興戲劇的三大脈絡。
簡單的說，便是：「純即興戲劇」、「集體即興創作戲劇」、「幕表戲」。山西興縣
楊家坡的文獻記載情況類似於「集體即興創作戲劇」，林鶴宜在書中對於「集

〔註50〕洪琪、洪玨〈邕劇「提綱戲」初探〉，《南寧職業技術學院學報》，第 17 卷第
　　　　4 期，2012 年，頁 41。

〔註51〕胡正〈談邊區群眾劇運〉，《山西文藝史料》第 2 期（太原：山西人民出版社，
　　　　1959 年版），頁 88。

〔註52〕約翰‧馬丁《跨文化表演手冊》，（倫敦；紐約：Rourledge，2004 年）「定義
　　　　即興創作」，頁 101～107。

體即興創作戲劇」一詞有明確說明：

> 所謂「集體即興創作戲劇」（devised theatre，或稱 ensemble theatre，
> 或 collaborative creation），以即興作為排練階段的編劇手段，利用即
> 興的方法在排練過程中讓演員集體合作，互相激發分享各自的經
> 驗，發展劇本，最後由導演進行統籌，寫定劇本。演員根據導演寫
> 定的劇本進行排練，最後上臺演出。相較於幕表戲和純即興戲劇，
> 它的即興成分是在登臺之前，發展劇本之時，登臺的前一刻，即興
> 都已停止。〔註53〕

眾人集思廣益進行劇本編創、共同設計劇情架構，胡正所謂的「由幾個人搭起
架子來，結構成一個輪廓，眾人往裡填肉（湊情節、人物性格、臺詞、動作）」
與林鶴宜提到「利用即興的方法在排練過程中讓演員集體合作，互相激發分享
各自的經驗，發展劇本」，兩者在排練中都還處於即興過程，最後由導演統籌，
即興就在演出前告一段落，上臺後就照導演所統籌與劇本做為演出依據。

　　文和傳奇戲劇團於 2015 年 5 月 9 日，在臺北市客家文化主題公園的戲劇
館演出《火燒逍遙臺》，原是幕表戲的提綱本並無完整劇本，直接由劇團演員
集思廣益、團隊合作，按原本幕表戲的演出結構將唱詞與對白書寫下來，每
個演員負責自己演出的角色片段，用類似「單片〔註54〕」的形式先將自己角
色的部分記錄，最後再由導演統整將其抄錄為一個「定型劇本戲」。不同於「半
活戲」，在臺上演出就以固定的劇本為依據，不再有幕表戲的即興影子存在。

　　對於即興中被固定的「站頭」之探討後，筆者試圖把「折子戲」與幕表
戲的「站頭」視為戲曲型態光譜的兩個端點予以討論。曾永義給「折子戲」下
定義：

> 其體製短小獨立而經舞臺淬礪而已藝術腳色化的戲齣，即為「折子
> 戲」。其體製短小獨立、經舞臺淬礪、藝術腳色化是為構成「折子戲」
> 的三要素，而此三要素即折子戲源生、形成、成熟的三階段。〔註55〕

劉南芳對於「站頭」指出：

〔註53〕林鶴宜《東方即興劇場歌仔戲「做活戲」上編：歌仔戲即興戲劇研究》，（臺
　　　　北市：臺大出版中心出版：臺大發行，2016 年 12 月），頁 45。

〔註54〕這種以角色行當為單位的唱念做表的記錄，稱為「單片」（或「單篇」），並以
　　　　此作為具體角色演出的依據。施旭升《戲曲文化學》，秀威資訊出版社，2015
　　　　年 1 月，頁 208。

〔註55〕曾永義〈論說「折子戲」〉，《戲劇研究》，第一期，2008 年 1 月，頁 1。

〔cham〕是指「一個段落」、或是「一個階段」的意思，根據呂興昌先生的說法應該寫作「站」，〔cham-thau〕應該書寫為「站頭」。在臺灣民間說唱、或是民間戲劇如歌仔戲、布袋戲當中，〔cham-thau〕指的是劇中一個完整的表演段落、或是情節段落。〔註56〕

因此就〔cham-thau〕原本的詞義而言，原先並沒有特別標指出戲裡哪一種特殊的情節、或表演段落，但是由於「講戲」的習慣，用〔cham-thau〕的觀念可以幫助排戲先生解釋劇情，也可以幫助演員理解需要的表演方式。當講戲先生說出一個〔cham-thau〕的名稱時，這時候他已經等於交代了演員在舞臺上應該要有的表演內容、和方法。這時候〔cham-thau〕這個詞彙便延伸出「套路」的意義。〔註57〕

對於上文中「折子戲」與「站頭」的說法，曾明確指出構成「折子戲」的三要素為「其體製短小獨立、經舞臺淬礪、藝術腳色化」，然而「站頭」是在一段既定情節下發展出的一連串表演、一連串的套式，這一連串的表演可以是身段、動作，也可以是唱段，甚至包括演員在舞臺上的走位等，是演員演出幕表戲依據的材料，能讓演員在遇到相同情境時可運用及套用。不論是全劇中因精彩被單獨獨立、經舞臺淬礪、藝術腳色化的折子戲又或者是在幕表戲中因某段情節精彩被固定為一連串表演套路的站頭，都能發現兩者都是因為戲中表現出彩被提取出來，但站頭無法被單獨擷取，它只是一個情節內容的表現；而折子戲是全本戲中被擷取出精華片段，能單獨表現。

幕表戲「提綱本」到「肉子戲」再轉為「定本戲」，這是「必然」經歷的過程，若是演出的某些橋段唱詞與對白能吸引觀眾的目光，那就會被擅於書寫的人記錄成文字，讓講戲先生或是老藝人將其傳承給後輩演員。幕表戲表現的是一種藝術文化的累積，會用文字規範是為了應付商業劇場的競爭與日趨複雜化的戲劇內容，以至於核心場次、唱詞不會走樣、消失。教育普及化的現今，文字書寫對於幕表戲口頭文學的影響勢必會逐漸擴大，臺灣當前的民間劇團要進入室內劇場或大型公演，「定型本」與幕表戲的「提綱本」將會是兩軌並行的穿插路徑。

〔註56〕劉南芳《臺灣歌仔戲中的活戲套路及程式語言》，臺北市：文津出版社，初版，2016年4月，頁91。

〔註57〕劉南芳《臺灣歌仔戲中的活戲套路及程式語言》，臺北市：文津出版社，初版，2016年4月，頁93～94。

【圖片說明】筆者在文和傳奇戲劇團演出幕表戲《趙昱收妖》飾演虎精的個人「單片」抄本（演出後以文字記載成冊）

【圖片說明】筆者在文和傳奇戲劇團演出幕表戲《狐三姐》飾演劉海的個人「單片」抄本（演出後以文字記載成冊）

二、「站頭」在「定本戲」中的應用

　　1990 年代以後，臺灣民間戲劇開始進入劇院演出，民間藝人接觸定型劇本的機會也就增多，許多在民間備受歡迎的固定套語及唱詞，也會被引用進定型劇本。劉南芳在博士論文中，試著整理出內臺歌仔戲傳統劇目中「套路」在新編劇本中的應用：

> 　會形成「套路」，是因為其中包含了觀眾喜歡看的表演，這是民間藝人的一種習慣，只要同一類型的表演能引起關注共鳴，那麼在舞臺上就會不斷地重複，在不同的新編劇目中，一樣會為這些表演（套路）留下空間。在「活戲」的時代，靠著「套路」的變化就可以排戲，這樣的思維到了「定型戲」當中依舊被保守的繼承著。〔註58〕

對於早期講戲先生所編的戲齣而言，有時也拿捏不準哪一個段落會受到觀眾的關注喜愛，之所以會成為「套路」，也如劉所言，「其中包含了觀眾喜歡看的表演」，商路隨戲路，只要觀眾買單，此段落就會出現在其他戲齣的同個情節之中，這也是上文中所說的「民間藝人的一種習慣」。受觀眾歡迎的段落立即將其寫定成套路運用在其他劇目之中，在排戲過程就靠著套路的拼湊式變化構出一齣完整的戲。雖然是套用舊詞，但是有經驗的演員或是講戲先生，只要稍作修改仍就能將舊詞賦予新生命，在其他戲齣達到極佳的演出效果。例如筆者在文和傳奇戲劇團演出幕表戲《風流王子》〔註59〕其中一段「郭世華被男扮女裝的小生楊麗花給吸引，並對他求愛」，唱段如下：

　　郭世華：麗花，隨我來啊！

　　　　（唱）【山歌子】

　　　　我來做前你隨後，我來三行四回頭；

　　　　前面那是見笑草，我來牽你跳過溝。

　　　　（白）

　　　　你的腳盤怎會按大支，真是讓我費猜疑；

　　　　腳盤大過那畚箕，原因請你講我知。

　　楊麗花：（白）

　　　　我自小就是苦命底，被人捉去做水泥，

〔註58〕劉南芳《臺灣內臺歌仔戲定型劇本的語言研究──以拱樂社劇本為例》，（新竹：清華大學中文系博士論文，2011 年 2 月），頁 310。

〔註59〕文和傳奇戲劇團在 2014 年 2 月 4 日於竹東大肚永昌宮演出《風流王子》。

不是壓，就是扛，腳盤才會按大個！

郭世華：（唱）【山歌什唸】

姑娘生來真可愛，桃花面來櫻桃嘴；

嬌嬌美麗好身材，可比仙女下瑤臺。

楊麗花：（唱）【山歌什唸】

多謝老爺來誇獎，麗花實在不敢當，

老爺看我的表情不一樣，到底他是哪位不正常？

郭世華：（唱）【山歌什唸】

喊聲麗花隨我來，要到花園來交陪；

莫非姻緣天送來，月老將咱送作堆。

（白）讓我緊看緊意愛，愛在心頭口難開；

情不自禁就來求愛，不知姑娘他要不要？

今生若能娶到他，定是一對幸福美滿的好夫妻。阿花仔，這裡花
都看掉去，我帶你去看怪奇

楊麗花：看什麼怪奇的？

郭世華：前面有一個假山洞，我相招你去裡面看奇花異草

楊麗花：（唱）【山歌什唸】

假山洞的步數是我專科，難道他要將我這個那個；

我二人入去就像挺撞挺，原來他是一隻大豬哥。

郭世華：花仔，我帶你來去內面看更好看的，你想怎般？

楊麗花：（唱）【山歌子】

人家我是一個女紅妝，以後還想要嫁老公，

我驚你會將我亂挺動，我會見笑感覺不會輕鬆。告辭！

筆者在文和傳奇戲劇團演出劇本戲《孫武子傳奇》時〔註60〕，編劇將劇
中「姬無艷被觀世音化身燈火神觀照，讓她夜間幻身為一個美麗女子，齊宣
王見到美女對其求愛」符合《風流王子》中的「郭世華被男扮女裝的小生楊
麗花給吸引，並對他求愛」之情節套路，將人名及些許唱詞修改，並直接套
用此站頭，內容如下：

齊宣王：唉呀，靚呀！

〔註60〕文和傳奇戲劇團在 2018 年 5 月 6 日晚上 7 點半於臺北市北投區薇格國小旁
　　　　廣場演出《孫武子傳奇》。

唱【山歌子】

一見美人心癡迷，不禁讓人費猜疑

燈火照面相映輝，本王內心起漣漪

美人，你隨我來

姬無艷：欸！你要拉我去哪裡啊？

齊宣王：（唱）【山歌子什唸】

我來做前你隨後，我來三行四回頭，

面前那是見笑草，我來牽你跳過溝。

（白）

你的腳盤怎會按大支，真是讓我費猜疑；

腳盤大過那畚箕，原因請你講我知。

姬無艷：（白）

我自小練武苦命底，天公捉弄命運壞，

不是壓，就是扛，腳盤才會按大個！

齊宣王：（唱）【山歌什唸】

姑娘生來真可愛，桃花面來櫻桃嘴；

嬌嬌美麗好身材，可比仙女下瑤臺。

姬無艷：（唱）【山歌什唸】

多謝萬歲來誇獎，無艷實在不敢當，

萬歲看我的表情不一樣，到底他是哪位不正常？

姬無艷：國王眼睛是不是來看差，奴家面容如此怎將我誇？

齊宣王：唱【山歌什唸】

讓我緊看緊意愛，愛在心頭口難開；

情不自禁就來求愛，不知美人他要不要？

（白）

喊聲美人隨我來，要到皇宮來交陪；

莫非姻緣天送來，月老將咱送作堆。

齊宣王：今生若能娶到他，定是一對幸福美滿的好夫妻。美人，這裡花
　　　　都看掉去，我帶你去看怪奇

姬無艷：看什麼怪奇的？

齊宣王：前面就是御花園，我相招你去裡面看奇花異草

　　姬無艷：（唱）【山歌子什唸】

　　　　　　萬歲言行舉子驚然我，難道他要招我哪唉唷；

　　　　　　想我麻雀就要變鳳凰，大好前程來招我。

　　齊宣王：美人，我帶你來去內面看更好看的，你想如何？

　　姬無艷：這嘛……

　　　　　　唱【山歌子什唸，尾句山歌子】

　　　　　　人家我是一個女紅妝，以後還想要嫁老公，

　　　　　　我驚你會將我亂挺動，我會見笑感覺不會輕鬆。

　　齊宣王：美人不用害羞，隨我來阿……

　　姬無艷：那我就「烏鴉無隔夜卵」，速戰速決。

　　這種不同戲齣卻相似情境並加以套用的情境套語，可以稱之為「肉子」，定型後的戲就稱為「肉子戲」，而肉子戲出現的比例越來越多，表示劇情內容和表演方式日趨固定，演員在演出時有現成的素材可以應用，無須再費心編詞〔註61〕。傅謹在《草根的力量——臺州戲班的田野調查與研究》中也提及：

　　　　戲班的演員不需要在演唱每一齣路頭戲時，都從頭至尾自己獨立
　　　　地創作所有詞句。那些演出較頻繁的劇目裡，尤其是那些關鍵的
　　　　核心場次、核心唱段，往往會有現成的詞句可以搬用，也有現成
　　　　的手法可以借鑑。……戲班的演職員們把這類已經形成了大致規
　　　　範的唱法與演法的段落，稱為「骨子肉戲」。所謂「肉子」就是路
　　　　頭戲裡這些關鍵場次的核心唱段，或者是那些已經基本定型的大
　　　　段對白。〔註62〕

當幕表戲的後輩演員遇到戲中同情境的「核心場次、核心唱段」，也就能有個依據搬過來套用，這是一種「民間的敘事」，而非「文人的敘事」，裏頭的詞彙充滿著民間的審美與語言趣味，因容易琅琅上口，也就容易被戲班傳唱，這也是他們所稱之的「肉子」、「賦子」、「鐵本」或是「套路段子」。雖然涵蓋著固定的表演，但是通常以展現一段固定的「情節套路」為前提，也就是在一

〔註61〕劉南芳《臺灣歌仔戲中的活戲套路及程式語言》，臺北市：文津出版社，初版，
　　　　2016年4月，頁236。

〔註62〕傅謹《草根的力量——臺州戲班的田野調查與研究》，（南寧：廣西人民出版
　　　　社，2001年3月），頁258。

段既定的情節下，發展出一連串身段、動作、唱段，甚至包括演員在舞臺上的走位等，算是一種綜合性質的表演程式。〔註63〕

三、「即興」：存在於幕表戲中的成分？

　　幕表戲與即興戲劇能畫上等號嗎？它們是同性質的戲劇嗎？這牽涉到不同的觀看角度作為不同的分析點，如以觀眾角度認為，這是完全沒有經過排練，直接場上見的戲劇形式，普遍跟「即興」畫上等號。蘇秀婷指出：

> 「即興」（improvisation）是幕表戲演員所必須具備的重要能力，在定本戲也可能存在需要演員「即興」表演，「即興」並非專屬於幕表戲的表演能力。因此，「即興」並非區分定本戲與幕表戲的唯一指標。〔註64〕

劉南芳對此亦提及：

> 重新審視歌仔戲的「活戲」演出時，不能僅用「即興」來理解，而應該更注重民間戲班中所保留大量的既有套路和慣用的程式語言，這是口傳文學中一種「歷代相傳的機制」；演員單靠「即興」或是「記憶力」並不能應付這麼長遠、這麼龐大的演出，在歷史中累積的套路與程式語言才是「活戲」可以持續發展的基礎。〔註65〕

如同劉南芳在書中所言，筆者以實踐者的角度發現它的「即興」不等同於大眾所認知。劉南芳說到：「要解讀臺灣的活戲，「套路」與「程式語言」的發展是非常重要的關鍵。〔註66〕」它有約定俗成的固定套式在運作，蘇秀婷亦指出：

> 演員對於劇中人物性格塑造上的「即興」，也在「腳色制」的規範下進行，對人物性格已有相當的掌握，對於劇中人的行止、動靜均必須依循「腳色制」的表演藝術規範，而非漫無目的的即興活動。〔註67〕

〔註63〕劉南芳《臺灣歌仔戲中的活戲套路及程式語言》，臺北市：文津出版社，初版，2016年4月，頁95。

〔註64〕蘇秀婷《臺灣客家採茶戲之發展及其文本形成研究》，（國立政治大學中國文學系博士學位論文，2011年），頁206。

〔註65〕劉南芳《臺灣歌仔戲中的活戲套路及程式語言》，臺北市：文津出版社，初版，2016年4月，頁6。

〔註66〕劉南芳《臺灣歌仔戲中的活戲套路及程式語言》，臺北市：文津出版社，初版，2016年4月，頁6。

〔註67〕蘇秀婷《臺灣客家採茶戲之發展及其文本形成研究》，（國立政治大學中國文學系博士學位論文，2011年），頁211。

幕表戲的即興演出存在著模式套路，演員必須準備好幾套的套路與程式語言進行拼接，筆者將這套模式稱為「拼圖」，演員演出時在腦裡（我們稱之的腹內功（儲存庫））將其進行拼圖般拼湊，而即興是在於如何將「套式拼湊順序」的即興，此順序是由演員即興操控，並非無中生有、憑空想像，不同的套式順序會有不同的戲劇過程，但不會影響開頭與結局的發展。幕表戲的故事大綱（提綱），「起頭到結束」有個依據可參照，只有「過程」可以隨演員做變化，因此稱之為即興或許還無法貼切的形容，這也是為何民間藝人會將之稱為「活戲」，一切都有固定的規範去依循，演員的「即興」在腦中已有特定套路的前提之下所為，在演出手法、唱詞編作、情感的觸動上，均可找到參照套路發揮。幕表戲的活在於演員對套路的順序變化莫測，只有身入其中才能真正體會其奧妙之處。

第五章　結論：客家幕表戲現今面臨的困境

　　1951 年，中國為了強化戲曲的政治宣傳效果推動「戲曲改革」，由政策主導，以負面評價、不鼓勵的方式進行，促成幕表戲的消失。老藝人其一生豐沛的藝術經驗與成就之保存延續具急迫性，甚至還面臨後繼無人的窘境，幕表戲的消逝，甚至被視為戲曲改革的成果。而在臺灣，為了提升戲曲藝術位階，創作者們亦多主張追求「精緻化」，提起外臺幕表戲的「即興」，常被誤會是上了臺後「隨興」表演，不僅任其消亡，甚至被斥為「隨便」、「亂來」。

　　戲曲現代化除了劇種本身藝術的提升之外，觀眾的考量也佔了相當大的因素，倪雅慧提到節奏流暢是新編劇本的必要條件，時代的改變也同時反映在觀眾的審美要求上，現代觀眾無法滿足於單純的「聽戲」而也要「看戲」。因此不僅在劇情上必須有衝突轉折，相關的視覺要素如燈光佈景等，也勢必要作一番調整。〔註1〕林谷芳在研討會論文中，提到客家戲曲現今所觸及到的一些問題，如「傳統客家大戲的基礎不夠雄厚」、「演員無法接續的問題」、「歌謠腔由俗入雅的基本難題」、「缺乏對當代的因應」、「客家族群共識的分歧」〔註2〕。

〔註1〕倪雅慧《臺灣新編京劇中現代劇場方法運用之研究——「以國立臺灣戲專 國劇團」為例》，1999 年，國立成功大學藝術研究所，碩士論文，頁 11。
〔註2〕林谷芳〈客家當代化的一點反思〉。《苗栗客家文化月——兩岸客家表演藝術研討會論文》，2001 年，頁 73～74。

一、「幕表制」順應環境轉向「定本制」

　　幕表戲長久以來不被重視，由講戲先生說戲、演員隨機應變，演出情節荒謬、內容淺俗、節奏鬆散，被斥為「隨便」、「亂來」，顯然已經不符合時代的需求與劇場的需要。老藝人的體力也大不如前，表演藝術易消逝且難保存，現今青年演員大多不願接觸，傳統藝術人才斷層面臨重大危機，許多珍貴的民間藝術都已不復在，如今戲班也紛紛散班，不堪市場條件低迷而不再營運，如新永光歌劇團〔註3〕。邱坤良表示：「劇團營運優劣繫於主觀條件──班底、資金和人際關係〔註4〕」。人員、資金、人脈無非是劇團經營的重要條件，然而幕表戲長年不被眾人所重視，會在廟前看幕表戲的觀眾年齡大多落在五十至六十歲之間，多數不識字者居多；現今大學已是教育體系的必備門檻，多數年輕人受小說、電視、電影影響，追求戲劇性緊湊、故事情節複雜的內容，幕表戲鬆散且情節單一，因此一直無法吸引年輕觀眾前來觀賞，王安祈指出：

> 「演員中心」原是由戲曲本身的質性自然發展而成的劇場特色，各劇種最輝煌蓬勃的一頁也多半都是由演員所創造出來的，所以，由「演員中心」轉變為「編劇中心」關涉的不只是單純的好壞優劣的問題，其間所隱含的意義是：在時代社會劇變的影響之下，大眾文娛已轉變為以話劇、電影為主流之後，以「聲腔演唱」為主的「戲曲」勢必要另向新興文娛「戲劇」汲取養料並相互影響甚且逐步融合。……當然也承襲了西方以編劇作家為中心的劇場本質……「編劇中心」的觀念自然的隱約成形，而隨著時代的變化，這種創作模式的影響愈來愈明確〔註5〕。

又指出：

> 當代戲曲已然由傳統的「演員中心」擴大為總體劇場，繼「編劇中心」確立之後，「導演中心」也有成形的趨勢，因此必須從編導演三方面提出「全方位的美學觀點」來觀照任何一齣新戲〔註6〕……。

「幕表制」走向「定本制」逐步改變了過去以「演員中心」的概念，開始建立

〔註3〕「新永光歌劇團」創立於1962年，歷史悠久，是新竹縣第一個立案的職業演藝團體。

〔註4〕邱坤良著，《臺灣劇場與文化變遷──歷史記憶與民眾觀點》，臺北，臺原出版社，1997年，頁226。

〔註5〕王安祈著，《傳統戲曲的現代表現》，臺北，里仁書局，1996，頁78。

〔註6〕王安祈著，《當代戲曲》，臺北，三民書局股份有限公司，2002年，頁98。

編劇體制、導演調度、音樂設計、舞臺監督、舞臺燈光、舞美設計等藝術制度。「演員中心」的即興表演方式，逐漸被「編劇中心」或「導演中心」所取代。劉南芳也指出：

> 在定型劇本興起之後，活戲也沒落了，劇本的位置提高，編劇的功能取代了從前演員的「好腹內」，一齣戲的唱詞唸白都由編劇完成，編劇表現的是「作家文學」，追求的是「個性化」、「獨創性」，於是「套路」也將在新編劇本中失去地位，「歌仔冊」所提供的歌詞不易再被反覆應用。〔註7〕

正如劉南芳所言，編劇的「作家文學」將演員的腹內徹底的掩埋，也打擊了許多老藝人的信心。老藝人原以即興編創唱詞的能力為傲，但編劇家的出現卻讓他們自覺編創的臺詞變得一文不值。劇本戲的興起，年輕演員缺乏環境的培養進而導致不會做幕表戲的演出，這一類的問題在中國民間戲曲中也有類似的遭遇，如沈勇在《來自民間的聲音──浙江地區「路頭戲」現狀調研》田野調查嵊州廣藝越劇團時記載：

> 甲：是路頭戲嗎？
>
> 乙：不是，我們全部都是劇本戲。
>
> 甲：沒有路頭戲？
>
> 乙：沒有。
>
> 甲：為什麼？
>
> 乙：因為我們劇團只有一兩個人會做。
>
> 甲：是什麼原因？
>
> 乙：年齡。我們團演員年齡大致在 20 到 30 左右，最大的到 40 多，而且很多是原來奉化或者慈溪越劇團的演員，他們不會做路頭戲。只有我還能做，現在能做路頭戲的演員年齡基本上是在 50 到 60 歲之間的人了，以前專業劇團出來的都不會做。
>
> 甲：那平時演出時觀眾有這方面的要求嗎？
>
> 乙：有的，我們不會做那也沒有辦法。我們有戲單的，會做的都列在上面了。我也想做，但是沒辦法。〔註8〕

〔註7〕劉南芳《臺灣歌仔戲中的活戲套路及程式語言》，臺北市：文津出版社，初版，2016 年 4 月，頁 85。

〔註8〕沈勇〈來自民間的聲音──浙江地區路頭戲現狀調研〉，《戲曲學報》，（第 9

從沈勇的調查中能得知，演員斷層差距嚴重，為了讓年輕演員能演戲，故把口頭傳授的劇本文字化，成為定本戲，而這套「幕表戲」的表演模式就連專業劇團的科班生都未必能輕易上手。幕表戲被文字化的途徑，除了從口頭傳授轉變為定本戲，能讓年輕演員演出外，字幕機的出現也是讓幕表戲轉變為定本戲的其中原因之一，沈勇提到字幕機的出現使得「路頭戲」變成相對固定。

> 乙：因為現在有很多地方要打字幕，我們編出來後，由演員自己編
> 好再吐出來，把它打到電腦裡。
> 甲：那不是有劇本了嗎？
> 乙：是的。
> 甲：這樣的戲有多少？
> 乙：100 多本。
> 甲：那下次演出就都不改變了嗎？
> 乙：唱的內容基本不改了。但是白口與動作還是經常會變的。有時
> 演員想改也是有的，那她們就要自己編好，再跟打字幕的說好，把
> 字幕改過來。〔註9〕

因應觀眾理解需求，有些場合被要求提供字幕機，而客家戲也面臨同樣問題。目前臺灣人口為 23,572,415（2019 年 1 月官方統計）人，閩南人佔據 70%；客家人僅佔 15%〔註10〕，其中有些屬於「隱性客家人」，雖是客家人血統，卻完全不會客家話，這也造成幕表戲只侷限在客家庄的酬神廟會慶典儀式，其他桃竹苗以外不見客家幕表戲的生存空間。劉南芳對於「字幕」也提及：

> 另一個或許會成為「活戲終結者」的新產品是「字幕」。「字幕」的
> 影響之大令人難以想像，一方面這個機器改變了觀眾看戲的習慣，
> 字幕機把唱詞、甚至是道白顯示在屏幕上，原本「口語式」的戲劇
> 語言便開始動搖。戲劇中所有的口說的語言必須要「文字化」，不能

期，國立臺灣戲曲學院，2011 年 6 月），頁 152。（甲：沈勇，乙：嵊州廣藝越劇團嚴團長）。

〔註9〕 沈勇〈來自民間的聲音——浙江地區路頭戲現狀調研〉，《戲曲學報》，（第 9 期，國立臺灣戲曲學院，2011 年 6 月），頁 150。（甲：沈勇，乙：鄞州蘭芳越劇團葉團長）。

〔註10〕 臺灣人口——維基百科，自由的百科全書（網址連結：https://zh.wikipedia.org/wiki/臺灣人口）。

文字化的語言遭到替換或是淘汰，民間熟悉的「語言」很快的被「文字」所束縛和改變。〔註11〕

「打字幕」對慣演活戲的民間職業劇團是一件新事，有些劇團過去在地方戲劇比賽時可能背過劇本，但是就算唱錯了、說錯了，大家也並不很在意，評審也不會一字一句的要求，但是「字幕」不同，「字幕」公開在所有觀眾面前，觀眾將演員的唱詞「對字幕」，很快地呈現出演員的錯誤、造成演員的壓力。「字幕」的出現似乎也意謂著演員即興編詞的時代即將轉變。〔註12〕

定型劇本受到重視之後，即興的「活戲」常被認為是落伍的表現，「字幕」的要求出現，更讓「有字幕」的劇本戲成為「文明」、「進步」的象徵。〔註13〕

筆者隨文和傳奇戲劇團在歸綏戲曲公園演出時，也常碰到這樣的狀況，因為演客家戲，當地居民大多數習慣看歌仔戲，為了順應觀眾不得將幕表戲的演出劇目以「字幕」的方式呈現，導致演員能即興的部分受限於「字幕」，也造成演出壓力，變得需要照稿背劇本。有時為了討好觀眾，當地主委要求演出中夾帶幾句閩南語。

雖然如此，但為了讓更多人了解客家戲，打開更多觀眾群，字幕機是一大利器，徐進堯在論文中提及，若要讓客家戲有更好的發展與希望，就需要讓觀眾看的懂才會產生興趣，產生興趣才會繼續支持：

筆者認為劇團應該添購並善用字幕機，配合演出時播放字幕，讓觀眾明瞭演員的對話與歌詞；透過字幕的說明，可以讓更多的觀眾看得懂客家戲，如年輕的觀眾、其他族群的觀眾與外國觀光客等，觀眾看得懂才會喜歡，喜歡才會支持，唯有培養更多的觀眾來支持客家戲，客家戲才有希望。〔註14〕（筆者按指：徐進堯）

〔註11〕劉南芳《臺灣歌仔戲中的活戲套路及程式語言》，臺北市：文津出版社，初版，2016年4月，頁223。

〔註12〕劉南芳《臺灣歌仔戲中的活戲套路及程式語言》，臺北市：文津出版社，初版，2016年4月，頁241。

〔註13〕劉南芳《臺灣歌仔戲中的活戲套路及程式語言》，臺北市：文津出版社，初版，2016年4月，頁242。

〔註14〕徐進堯《龍鳳園戲劇團研究——兼論臺灣客家採茶戲的發展與演變》，（國立臺北大學民俗藝術，研究所碩士論文，2006年），頁123。

雖說要讓觀眾看的懂才能引起興趣,但若是如此,亦會造成在客家庄以外的地區演出幕表戲劇目時,就非得幕表制轉向定本制打成字幕供觀眾理解。戲齣有了定本戲的版本,讓年輕演員養成看本的習慣,無法用幕表戲的形式演出,日益遞減學習的機會,爾後幕表戲的演出機制終會消逝,成為一個時代的縮影。

二、科班生的轉向

國立臺灣戲曲專科學校於 2000 年成立客家戲科,希望能夠培養表演客家戲曲的新生代,筆者為客家戲科第五屆學生。以 2019 年歷屆大學畢業的數據統計〔註15〕,客家戲科歷屆畢業生人數有 117 人,但仍在戲曲圈子的剩 34 人,以百分比來計算,比例只佔 29%繼續留在戲曲舞臺上,其於 71%都已轉行。

歷屆畢業生還留在戲曲以第五屆居冠,而第六屆人數最少,同時也是全數未留在戲曲圈的唯一一屆;還留在戲曲相關領域的 34 人中,僅剩 21 人持續為客家戲曲耕耘〔註16〕。雖說戲曲學院訓練出來的科班生未來的走向並非只有客家戲曲,不過最後仍願意留在客家戲曲舞臺上的演員也是寥寥無幾。

「榮興採茶戲劇團」吸收戲曲學院畢業科班生的比列佔最高,其次是「文和傳奇戲劇團」。榮興能大量網羅戲曲學院劇校生的主要原因有二點,其一是劇團團員多數在戲曲學院客家戲科任職,因此跟學生有密切的接觸,遇到條件不錯的學生即可網羅到劇團演出;其二是榮興為戲曲學院客家戲學系「建教合作」對象,在校學生畢業門檻需參與建教合作舞臺表演實務,並累積實習點數〔註17〕的方式,才能畢業。

〔註15〕以今年 106 學年度統計,目前國立臺灣戲曲學院大學部畢業生是「第八屆」(附錄六)客家戲科畢業生調查表。

〔註16〕見(附錄七)畢業仍在客家戲曲發展人數統計。

〔註17〕國立臺灣戲曲學院學院部學生實習辦法:(共十七條規章,此處只列出三條重點說明。)
一、本辦法依據「大學法」、「大專校院產學合作實施辦法」訂定之。
二、本校為增加學生舞臺表演實務、劇場相關工作經驗並培養學生藝術行政能力,特訂定本辦法。
三、實習類別:分為甲類、乙類二種
(一)甲類實習:係指於課餘、例假日或寒暑假參加校方安排之應邀、推廣及支援演出或排練、學期成果展演、相關專業研習課程及其他有關行政工作或參加建教實習單位之演出、排(訓)練、行政、技術事宜。(引用:國立臺灣戲曲學院學生實習辦法規章)。

多數客家劇團最大的困境在於演藝人員青黃不接，未能夠吸收年輕的人才加入行列、薪火相傳。而目前劇校培養的人才根本不敷市場需求，年輕學子不能負荷外臺戲的種種環境壓力，紛紛轉行。

三、科班生學習幕表戲的瓶頸

一般可能會認為劇校教育體系出身的科班演員，對於幕表戲的演出都能駕輕就熟，實則不然，對於筆者也是劇校體系畢業的科班生，在劇校不會學習關於幕表戲的術語與「程式語言」，劇校老師也都是以「定本劇」的題材，一招一式的「死功夫」方式傳授，即使有學到定本戲裡頭的「套語」，但卻沒有概念能將套語套用在別齣戲裡頭的相同情節；在樂師方面亦是如此，筆者訪問武場樂師朱作民及文場樂師周毓書，對於科班生在學習幕表戲有何看法，兩者回應：

> 老一輩的凋零，新一輩的又沒有心想學，學校體系出來的樂師，根本沒辦法在外臺演奏，學校教的都是死的定本戲，例如，【平板】的演奏有好幾種，學校出來的只會一種，演奏習慣照譜上操作，演活戲沒有譜他們就死了。要演奏平板，他們還會緊張的問什麼調？什麼節拍？哪來得急跟你說這些，所以很困難，學校教出來的完全用不了。〔註18〕

> 學校體系出來的樂師在外臺都不能用，因為他們只會視譜，沒譜他們就什麼都不會，有一次演出我彈了一個外臺常用的【串仔】，對於他們來說就有困難，所以我都要考慮到學校體系出來的會不會，但是外臺又不是都可以事先想好或準備的，因為演員下一步要幹嘛，我們也不知道，所以要是跟他們合作就會特別累。演員也一樣，戲班的都做活戲，但科班的都只會做死戲，也會考慮老藝人這樣丟你接得住嗎？戲班出來的樂師，因為學的路子都相同，大家會用到的、通用的他都一定會，所以相較起來，我就可以先預想，什麼都是彈共通與大家都會的，就絕對不會有問題。學校體系的是要用到才去學，但戲班是什麼都學，即使現在用不到，但以後一定會用到，所

〔註18〕筆者訪問資深武場樂師朱作民（時間：2018 年 9 月 12 日晚上 6 點，地點：板橋大井頭福德祠）。

以戲班是大量的學習。〔註19〕

正如上文所說，科班生在學校裏頭只學死戲，樂師也只會視譜，卻未能靈活運用，坐科十年學的都是固定的身段、固定的唱腔、固定的口白，為此劇校生在意識本能上都認為學戲是隨時被安排好、固定好，與幕表戲隨機的自我編創口白、唱詞、身段是完全兩種體制，雖說本身已具備「四功五法」的狀態，但沒辦法達到自我編創的本能與靈活運用定本戲中的套語與程式語言。如筆者訪問客家戲演員劉富丞時，他表述當初學習幕表戲時最大的挫折：

> 我記得初次演幕表戲時，被派了一個將軍角色，講戲先生大致跟你說等等上去唱什麼報什麼名字，演出時我就因為開唱時沒有「拉山膀」，下來直接被老師打了一頓，沒有人會跟你說開唱要「拉山膀」，但這一次後我就知道了。〔註20〕

對於幕表戲演出，演員與樂師沒有事先排過戲，為了提醒樂師下一步的行動，氣口與身段的「誇張化」很重要，這也只能在經驗中慢慢自行發覺。科班生有傳統戲曲的功法，能很快速地進入幕表戲的學習狀態，也能嘗試編排適合自己劇情的身段，同時也訓練編排動作組合的邏輯。劉南芳在書中有提及：

> 新一代演員的表演或許將會逐漸脫離「口傳」而將這些程式語言用文字記錄下來，使得「程式語言」變為靠「書寫」而流傳，在活戲的應用上也會產生變化。〔註21〕

> 過去在沒有書寫的幫助下，這些民間藝人憑藉著「口傳」把這些程式語言保留下來，在舞臺上憑著自己的記憶巧妙運用。新一代的演員大多數接受過教育，在傳承「活戲」時，許多人已經是用「書寫」把程式語言記錄下來，照這樣下去，將來「活戲」會有多少活的成分？值得關注。或許完全「口傳」的「活戲」會終止在我們這一代，我們應該把握機會更多、更深入的去瞭解和記錄他們。〔註22〕

〔註19〕筆者訪問文場樂師周毓書（時間：2018年9月12日早上11點，地點：板橋丹堤咖啡（新北市板橋區民生路二段237號））。

〔註20〕筆者訪問文和傳奇戲劇團演員劉富丞（時間：2018年8月14日下午4點，地點：筆者家中）。

〔註21〕劉南芳《臺灣歌仔戲中的活戲套路及程式語言》，臺北市：文津出版社，初版，2016年4月，頁127。

〔註22〕劉南芳《臺灣歌仔戲中的活戲套路及程式語言》，臺北市：文津出版社，初版，2016年4月，頁168。

對於學習環境，過去與現今已不可比擬，每個世代都有不同的學習方式，如同劉南芳所言，新一代演員在幕表戲的傳承上，已然依賴文字記錄，逐漸脫離口傳心授的傳承模式，使得「口傳」轉變為「書寫」，改變了幕表戲原有的機制。早期藝人憑藉著自身記憶將程式語言保留下來，在舞臺上行雲流水般的靈活運用，腦中所儲存的程式語言資料庫似乎是取之不盡、用之不竭。這種「口傳」的承傳環境或許將不復存在，幕表戲中的即興也終究逐漸式微。

　　（此論文撰寫完成時間於 2019 年 6 月的暑假，因此在文中所有的現今意指 2019 年，並非 2022 年。）

參考文獻

一、辭典

1. 余漢東，《中國戲曲表演藝術辭典》，臺北市：國家，2001 年。

2. 漢語大詞典簡編編委會，《漢語大詞典簡編》，漢語大詞典出版社，1998 年。

3. 上海辭書編輯部，《中國戲曲劇種大辭典》，上海：上海辭書出版，1995 年。

4. 中國大百科全書編輯部，《中國大百科全書·戲曲曲藝卷》，北京：中國大百科，1983 年。

5. 藝術研究所、中國戲劇家協會上海分會編，《中國戲曲曲藝詞典》，上海：上海辭書出版，1981 年。

6. 王沛綸，《戲曲辭典》，臺北，臺灣中華書局，1975 年。

二、專書

1. 曾永義，《戲曲學》，臺北：三民書局出版，2016 年。

2. 曾永義、施德玉，《地方戲曲概論》（上）、（下），三民書局，2011 年。

3. 施德玉，《中國地方小戲之研究》，臺北：學海，1999 年。

4. 曾永義，《臺灣歌仔戲的發展與變遷》，臺北，聯經出版事業公司，1988 年。

5. 劉南芳，《臺灣歌仔戲中的活戲套路及程式語言》，臺北市：文津出版社，

初版，2016 年 4 月。

6. 鄭榮興，《臺灣客家戲之研究》，臺北市：國家，2016 年 05 月初版。

7. 鄭榮興，《客家戲的榮興》，苗栗縣：財團法人慶美園文教基金會，2011年。

8. 鄭榮興，《臺灣客家三腳採茶戲研究》財團法人慶美園文教基金會，2001年 2 月初版一刷。

9. 鄭榮興、范揚坤、謝一如、劉新圓、劉美枝、蘇秀婷，《苗栗縣客家戲曲發展史——論述稿》，苗栗縣：苗栗縣文化中心，1999 年。

10. 鄭榮興、劉美枝、蘇秀婷、劉新圓，《苗栗縣客家戲曲發展史——田野日誌》，苗栗縣：苗栗縣文化中心，1999 年。

11. 徐亞湘，《老爺弟子：張文聰的客家演藝生涯》，宜蘭縣五結鄉：傳藝中心，2012 年 12 月。

12. 徐亞湘，《母女同行——阿玉旦、黃秀滿的客家戲曲人生》，桃園縣政府文化局出版，2011 年 3 月。

13. 徐亞湘，《本地宜人京班》，桃園縣：桃園縣文局，2007 年。

14. 徐亞湘，《客家劇藝留真——臺灣的廣東宜人園與宜人京班》桃園縣：桃園縣文化局，2007 年。

15. 徐亞湘，《日治時期臺灣報刊戲曲資料選讀》，宜蘭：傳藝中心，2006 年。

16. 徐亞湘，《日治時期臺灣戲曲史論：現代化作用下的劇種與劇場》，臺北市：南天，2006 年，初版。

17. 徐亞湘，《日治時期中國戲班在臺灣》，臺北：南天，2000 年。

18. 徐亞湘，〈日治時期臺灣京劇之發展面向及文化意義〉，收入《聽到臺灣歷史的聲音——1910～1945 臺灣戲曲唱片原音重現》。

19. 蘇秀婷、林曉英，《兩臺人生大戲：劉玉鶯與曾先枝》，桃園縣政府文化局出版，2011 年。

20. 邱坤良，《飄浪舞臺：臺灣大眾劇場年代》，遠流出版事業股份有限公司，2008 年 9 月。

21. 邱坤良，《臺灣劇場與文化變遷——歷史記憶與民眾觀點》，臺北，臺原出版社，1997 年。

22. 邱坤良，《舊劇與新劇——日治時期臺灣戲劇之研究（1895～1945）》，臺

北：自立晚報，1992 年。

23. 邱坤良，《野臺高歌》臺北：皇冠出版社，1980 年。

24. 蘇秀婷，《臺灣客家改良戲之研究》，臺北市：文津，初版：2005 年 8 月
    一刷。

25. 林鶴宜，《東方即興劇場歌仔戲「做活戲」上編：歌仔戲即興戲劇研究》，
    臺北市：臺大出版中心出版：臺大發行，2016 年 12 月。

26. 林鶴宜，《臺灣戲劇史（增修版）》，臺北市：臺大出版中心出版：臺大發
    行，2015 年。

27. 林鶴宜，《歌仔戲，「活戲」劇目研究：以田野隨機取樣為分析對象》宜
    蘭：傳統藝術中心，2009 年 8 月。

28. 林鶴宜，〈臺北地區野臺歌仔戲之劇團經營與演出活動〉，《從田野出發：
    歷史視角下的臺灣戲曲》，臺北：稻鄉，2007 年。

29. 林鶴宜，《臺灣戲劇史》，臺北：國立空中大學，2003 年。

30. 蔡欣欣，《戲說、說戲內臺歌仔戲口述劇本》宜蘭：傳統藝術中心，2005
    年。

31. 蔡欣欣，《臺灣歌仔戲史論與演出評述》，里仁書局出版，2005 年。

32. 楊蔭瀏，《中國古代音樂史稿》，北京：人民音樂出版社，2006 年。

33. 范揚坤，〈新「新時採茶」——從傳習與表演實踐看採茶戲表演人才養
    成〉，《民間藝術綜合論壇論文集》，宜蘭：國立傳統藝術中心，2005 年。

34. 葉長海、張福海，《中國戲曲史》，上海：上海古籍出版社，2004 年。

35. 黃心穎，《臺灣的客家戲》，臺北市：行政院客家委員會，2003。

36. 王安祈，《當代戲曲》，臺北，三民書局股份有限公司，2002 年。

37. 王安祈，《傳統戲曲的現代表現》，里仁出版社，1996 年。

38. 傅謹，《草根的力量——臺州戲班的田野調查與研究》，南寧：廣西人民
    出版社，2001 年 3 月。

39. 黃玲玉，《臺灣傳統音樂》，臺北：國立臺灣藝術教育館，2001 年。

40. 徐進堯、謝一如，《臺灣客家三腳採茶戲與客家採茶大戲》，新竹縣：新
    竹縣文化局，2001。

41. 國立傳統藝術中心籌備處，《兩岸小戲學術研討會》論文集，行政院文化
    建設委員會，2001。

42. 廖奔、劉彥君，《中國戲曲發展史》，第一卷，山西教育出版社，2000。

43. 邱慧齡，《茶山曲未央：臺灣客家戲——傳統藝術叢書23》，國立傳統藝術中心出版，2000年。

44. 莫光華，《臺灣各類型地方戲曲》，臺北市：南天書局有限公司，1999年5月初版一刷。

45. 林茂賢，《宜蘭的北管戲曲音樂》，宜蘭：宜蘭縣立文化中心，1998年。

46. 王東，《客家學導論》，臺北：南天書局，1998年。

47. 王國維，《宋元戲曲史》，北京：東方出版社，1996年。

48. 馬也，《戲劇人類學論稿》，文化藝術出版社，1993年。

49. 羅香林，《客家研究導論》，臺北：南天書局，1992年。

50. 陳運棟，《臺灣的客家人》（臺北：臺元出版社，1989年）

51. 王嵩山，《扮仙與作戲》，臺北：稻鄉，1988年。

52. 張炫文，《臺灣歌仔戲音樂》，臺北：百科文化事業股份有限公司，1982年。

53. 王元富，《電視國劇論述》，臺北：黎明文化事業股份有限公司，1982年。

54. 呂訴上，《臺灣電影戲劇史》，臺北：銀華出版社，1961年9月初版，1991年9月再版。

55. 陳嘯高、顧曼莊，〈福建和臺灣的劇種——薌劇〉，收錄於《華東戲曲劇種介紹》第三集，上海：新文藝出版社，1955年。

56. 連雅堂，《臺灣通史》卷二三，頁六一三，臺灣文獻叢刊第五二冊、一二八種，臺灣省文獻委員會，初版1920年。

三、期刊論文

1. 簡秀珍，〈從傳仔戲論臺灣亂彈戲裡的活戲演出〉，《民俗曲藝》，第181期，臺北：施合鄭民俗文化基金會，2013年9月，頁49〜96。

2. 林鶴宜，〈中西即興戲劇脈絡中的歌仔戲「做活戲」：藝術定位、研究視野與劇場運用〉，《民俗曲藝》，179期，2013年3月，頁123〜184。

3. 林鶴宜，〈臺灣歌仔戲「做活戲」的演員即興表演與劇目創作參與〉，《民俗曲藝》，2012年，頁107〜175。

4. 林鶴宜，〈東方即興劇場：歌仔戲「做活戲」的演員即興表演機制和養成

訓練〉《北藝大戲劇學刊》，第十三期，2011 年 1 月，頁 65～101。

5. 林鶴宜，〈「做活戲」的幕後推手：臺灣歌仔戲知名講戲人及其專長〉，
   2008 年 1 月，頁 221～252。

6. 林鶴宜，〈歌仔戲「幕表」編劇的創作機制和法則〉，《成大中文學報》第
   16 期，2007 年 4 月，頁 171～200。

7. 劉南芳，〈臺灣歌仔戲中程式語言的作用：以歌仔戲「活戲」演出為例〉
   《臺灣文學研究》，第三期，2012 年 12 月，頁 51～110。

8. 劉南芳，〈當今臺灣歌仔戲改編的挑戰：從即興到定本〉《戲劇學刊》2006，
   第 4 期，頁 105～131

9. 劉南芳，〈臺灣內臺歌仔戲定型劇本的發展與寫作特色〉，《兩岸戲曲編劇
   學術研討會論文集》，臺北：國立臺灣大學戲劇學系出版，2004 年 10 月。

10. 鄭劭榮、譚研，〈辰河高腔「條綱戲」的編創及其演劇形態探究〉，《文化
    遺產》，2012 年，第 4 期，頁 79～86。

11. 洪琪、洪珏，〈邕劇「提綱戲」初探〉，《南寧職業技術學院學報》，第 17
    卷第 4 期，2012 年，頁 40～44。

12. 沈勇，〈來自民間的聲音──浙江地區路頭戲現狀調研〉，《戲曲學報》，
    第 9 期，國立臺灣戲曲學院，2011 年 6 月，頁 131～158。

13. 于善祿，〈從金枝演社的「胡撇仔戲」混搭美學看臺灣文化認同〉，《文化
    藝術研究》，2009 年第 2 卷 2，第 5 期，頁 76～85。

14. 林茂賢，〈內臺歌仔戲的表演形態及其特色〉，《臺灣戲專學刊》第 11 期，
    2005 年 7 月，頁 463～485。

15. 陳中永，《創造能力結構的心理學分析》，內蒙古師範大學學報，2002 年，
    第 5 期（大陸期刊頁數不詳）。

16. 流沙，〈採茶三腳班的形成與流傳〉，《茶鄉戲韻──海峽兩岸傳統客家戲
    曲學術交流研討會實錄》，南投，臺灣省文化處，1999，頁 67～103。

17. 劉新圓，〈從外來劇種的影響看臺灣客家大戲的發展〉，《茶鄉戲韻──海
    峽兩岸傳統客家戲曲學術交流研討會實錄》，南投，臺灣省文化處，1999
    年，頁 190～207。

18. 謝一如，〈試探臺灣客家戲劇之發展〉，《苗栗縣客家戲曲發展史──論述
    稿》，苗栗縣：苗栗縣文化中心，1999 年，頁 37～74。

19. 蘇秀婷，〈臺灣客家改良戲的演出特色——以戲園為表演場域〉，《茶鄉戲韻——海峽兩岸傳統客家戲曲學術交流研討會實錄》，南投，臺灣省文化處，1999 年，頁 208～227。

20. 蘇秀婷，〈採茶戲藝人生活面面觀〉，《苗栗縣客家戲曲發展史——論述稿》，苗栗縣：苗栗縣文化中心，1999 年，頁 117～147。

21. 林顯源，〈由西方導演理論看臺灣歌仔戲的「戲先生」與「導演」〉，《復興劇藝學刊》第 22 期，1998 年 1 月，頁 57～62。

22. 邱坤良，〈內臺戲的劇本創作與舞臺演出——以拱樂社為例〉，《傳統藝術研討會論文集》。臺北：國立傳統藝術中心，1999 年，頁 139～165。

23. 邱坤良，〈為臺灣的野臺戲整型——改善民間劇團營運的一點看法〉，《表演藝術》第 8 期，1993 年 6 月，頁 49～56。

24. 古旻陞，《臺灣的聲音——臺灣有聲資料庫》，〈「客家戲劇」觀念溝通篇〉，水晶有聲出版社，1995 年第 2 卷第 2 期，頁 38～48。

25. 劉春署，〈閩臺錦歌漫議——歌仔戲形成三要素〉，收於《民俗曲藝》72 期，1988 年 3 月，頁 266～290。

26. 胡正，〈談邊區群眾劇運〉，《山西文藝史料》第 2 期，太原：山西人民出版社，1959 年版，頁 102～112。

四、學位論文

1. 蔡宴蓉，《客家外臺戲「活戲」表演及其鑼鼓運用》臺北：臺北藝術大學傳統音樂學所理論組碩士論文，2013 年。

2. 沈主明，《外臺歌仔戲「活戲」演出之曲調運用與音樂即興研究》臺北：臺北藝術大學傳統音樂學所理論組碩士論文，2013 年。

3. 劉南芳，《臺灣內臺歌仔戲定型劇本的語言研究——以拱樂社劇本為例》，新竹：清華大學中文系博士論文，2011 年。

4. 陳惟文，《外臺歌仔戲丑角活戲表演的「笑」與「鬧」》臺北：臺北藝術大學建築與文化資產所碩士論文，2011 年。

5. 蘇秀婷，《臺灣客家採茶戲之發展及其文本形成研究》，國立政治大學中國文學系，2011 年。

6. 蘇秀婷，《臺灣客家改良戲之研究——以桃、竹、苗三縣為例》，臺南：成大藝研究碩士論文，1999 年。

7. 李文勳,《客家大戲表演型態之研究》宜蘭：私立佛光大學藝術學研究所碩士論文,2008 年。

8. 徐進堯,《龍鳳園戲劇團研究——兼論臺灣客家採茶戲的發展與演變》,國立臺北大學民俗藝術,研究所碩士論文,2006 年。

9. 陳慧玲,《外臺歌仔戲藝人表演風格形塑之探討——以蔡美珠演藝歷程為對象》,臺北：國立臺北藝術大學戲劇學系研究所,2004 年。

10. 江秋華,《外臺歌仔戲演員表演概念之探討—九〇年代末期臺北地區的圈內觀點》,國立臺灣大學戲劇所碩士論文,2000 年。

11. 倪雅慧,《臺灣新編京劇中現代劇場方法運用之研究——「以國立臺灣戲專國劇團」為例》,國立成功大學藝術研究所碩士論文,1999 年。

12. 黃心穎,《臺灣客家戲劇現況之研究》,臺北縣：輔大中文所碩士論文,1997 年。

13. 黃雅蓉,《野臺歌仔戲演出風格研究》,臺北：文化大學藝術研究所碩士論文,1995 年。

14. 廖杏娥,《中國「戲曲導演」之回顧與展望》臺北：中國文化大學藝術研究所碩士論文,1994 年。

15. 廖杏娥,《中國「戲曲導演」之回顧與展望》,臺北：中國文化大學藝術研究所碩士論文,1994 年。

五、研討會論文

1. 林鶴宜,2012 年 1 月,〈義大利即興喜劇或文明戲？臺灣歌仔戲「幕表戲」概念探源〉,台灣大學藝術史研究所「『亞洲藝術文化的多元核心與交作網絡』第一期邁頂研究計畫工作坊」（會議地點：南投縣暨南大學人文學院 118 會議室）。

2. 林鶴宜,2008 年 10 月,〈庶民風標：臺灣廟會演劇的綜藝性與功利性〉,中山大學中國非物質文化遺產研究中心主辦「非物質文化遺產保護視野下的傳統戲劇研究國際學術研討會」（會議地點：中國廣東省開平市潭江大酒店）。

3. 林鶴宜,2007 年 11 月,〈民間即興戲劇「講戲人」研究：以歌仔戲為例〉,嘉義大學中文系「第三屆中國小說與戲曲國際學術研討會」（會議地點：嘉義大學民雄校區大學館國際會議廳）。

4. 鄭劭榮，2012 年，《論我國影戲口頭劇本的口傳文學特徵》，收錄於《2010
   年中國文學傳播與接受國際學術研討會論文彙編》，湖北：武漢大學中國
   文學傳播與接受研究中心。

5. 陳惟文，2009 年 12 月，〈臺灣外臺歌仔戲丑角綜藝化初探〉，國立臺北
   藝術大學研究大樓（2F 國際會議廳&4F 文資學院階梯教室）。

附錄資料

附錄一：歌仔戲幕表戲相關研究資料彙整

專書

年　度	書　名	作　者	書版社
2016	《東方即興劇場歌仔戲「做活戲」上編：歌仔戲即興戲劇研究》	林鶴宜	國立臺灣大學出版中心
2016	《東方即興劇場歌仔戲「做活戲」下編：歌仔戲即興戲劇研究的資料類型和運用》	林鶴宜	國立臺灣大學出版中心
2009	《歌仔戲，「活戲」劇目研究：以田野隨機取樣為分析對象》	林鶴宜	宜蘭：傳統藝術中心
2005	《戲說、說戲　內臺歌仔戲口述劇本》	蔡欣欣	宜蘭：傳統藝術中心

期刊論文

年　度	論文名稱	作　者	期刊出處	頁　數
2013	〈中西即興戲劇脈絡中的歌仔戲「做活戲」：藝術定位、研究視野與劇場運用〉	林鶴宜	《民俗曲藝》	123～184
2012	〈臺灣歌仔戲「做活戲」的演員即興表演與劇目創作參與〉	林鶴宜	《民俗曲藝》	107～175
2012	〈臺灣歌仔戲中程式語言的作用：以歌仔戲「活戲」演出為例〉	劉南芳	《臺灣文學研究》	51～109

2011	〈東方即興劇場：歌仔戲「做活戲」的演員即興表演機制和養成訓練〉	林鶴宜	《北藝大戲劇學刊》第十三期	65～101
2008	〈「做活戲」的幕後推手：臺灣歌仔戲知名講戲人及其專長〉	林鶴宜	《戲劇研究》	221～252
2007	〈歌仔戲「幕表」編劇的創作機制和法則〉	林鶴宜	《成大中文學報》	171
2006	〈當今臺灣歌仔戲改編的挑戰：從即興到定本〉	劉南芳	《戲劇學刊》第 4 期	105～131
1998	〈由西方導演理論看臺灣歌仔戲的「戲先生」與「導演」〉	林顯源	《復興劇藝學刊》	57～62

研討會論文

年　度	論文名稱	作　者	會議地點
2013	〈活戲的即興表現與定型書寫〉	劉南芳	臺閩民間戲曲國際學術研討會，國立成功大學閩南文化研究中心
2012	〈義大利即興喜劇或文明戲？臺灣歌仔戲「幕表戲」概念探源〉	林鶴宜	南投縣暨南大學人文學院 118 會議室
2009	〈臺灣外臺歌仔戲丑角綜藝化初探〉	陳惟文	臺北藝術大學文化資源學院研討會
2008	〈庶民風標：臺灣廟會演劇的綜藝性與功利性〉	林鶴宜	中國廣東省開平市潭江大酒店
2007	〈民間即興戲劇「講戲人」研究：以歌仔戲為例〉	林鶴宜	嘉義大學民雄校區大學館國際會議廳）。

學位論文

年　度	論文名稱	研究生	指導教授	校　系
2013	《外臺歌仔戲「活戲」演出之曲調運用與音樂即興研究》	沈主明	吳榮順	臺北藝術大學傳統音樂學所理論組
2011	《臺灣內臺歌仔戲定型劇本的語言研究—以拱樂社劇本為例》	劉南芳	王安祈 蔡英俊	國立清華大學中國文學系
2011	《臺灣歌仔戲傳統文場樂師的養成及其技藝——以臺北地區為限》	劉映秀	林鶴宜	臺北藝術大學傳統藝術研究所

2011	《外臺歌仔戲丑角活戲表演的「笑」與「鬧」》	陳惟文	林鶴宜	臺北藝術大學建築與文化資產所
2009	《歌仔戲古路戲劇目的敘事程式與變形程式探論》	蘇怡安	林鶴宜	臺北藝術大學傳統藝術研究所
2004	《外臺歌仔戲藝人表演風格形塑之探討——以蔡美珠演藝歷程為對象》。	陳慧玲	陳芳英	國立臺北藝術大學戲劇學系研究所
2000	《外臺歌仔戲演員表演概念之探討—九〇年代末期臺北地區的圈內觀點》	江秋華	林鶴宜	國立臺灣大學戲劇研究所
1995	《野臺歌仔戲演出風格研究》	黃雅蓉	邱坤良	文化大學藝術研究所

筆者彙整資料

附錄二：《三仙會》劇本

福仙：年年繡花紅，

祿仙：千年鐵樹開，

壽仙：三仙齊下降，

福祿壽三仙：福祿壽仙來。

福仙：我乃，一品天官福仙周文王是也。

祿仙：祿仙石崇是也。

壽仙：壽仙彭祖是也。

祿壽二仙：大仙請了。（福仙：請了）不知大仙相邀有何法意？

福仙：兩位老仙哪裡知道，今日乃是中華民國 xx 年農曆 x 月 x 日，xx
宮列位尊神聖誕千秋，委員眾信士，不惜重資，聘請梨園一臺，請來 xx
戲劇團來到廟前慶賀，xx 宮列位尊神，眾神祈靈感，再此祝福大家，八
節有慶，七彩光芒，六畜興旺，五穀豐收，天賜平安福祿壽，地納財寶
富貴春，行東得好，行西得寶，學業高進，步步高升，日日春，日日好，
年年招財又進寶，四季災去福壽來，金銀財寶滿山開，逢兇化吉享富貴，
讓你添丁又發財，財源滾滾自然來。

祿壽二仙：來到華堂，不知福仙帶有何寶前來慶賀？

福仙：我帶有喜神前來慶賀。

祿壽二仙：何不獻上。

福仙：喜神走堂也。喜神有四句贊語。

祿壽二仙：有何贊語？

福仙：喜神到華堂，提筆做文章，文章做得好，代代狀元郎。

祿壽二仙：好哇！

福仙：喜神獻喜也！

福壽二仙：不知祿仙帶有何寶前來慶賀？

祿仙：我帶有麻姑前來慶賀。

福壽二仙：何不獻上。

祿仙：麻姑獻瑞也。麻姑有四句贊語。

福壽二仙：有何贊語？

祿仙：麻姑獻瓊漿，瑞氣滿廳堂，慶賀千年壽，富貴與天長。

福壽二仙：好哇！

祿仙：麻姑獻瑞也！

福祿二仙：不知壽仙帶有何寶前來慶賀？

壽仙：我帶有白猿（財神）前來慶賀。

福祿二仙：何不獻上。

壽仙：白猿（財神）獻寶也。白猿（財神）有四句贊語。

福祿二仙：有何贊語？

壽仙：白猿（財神）獻財寶，堂前花果好，三仙來祝壽，金銀萬丈高。

福祿二仙：好哇！

壽仙：白猿（財神）獻寶也。

福祿壽三仙：慶賀已畢，一同拜壽。

　唱【清板】

　　　仙仙仙仙山中七日，世上已有幾千年，

　　　華華世界極樂無邊，邀眾仙下凡塵結仙緣，

　　　騎白鶴青鸞，香風陣陣彩雲片片，降落庭前賀生辰祝壽年。

福祿壽三仙：拜壽已畢，各回天朝。

筆者整理資料

附錄三：《醉八仙》劇本

（八仙依序過場）

金母：

　　　　瑤池金母法無邊，蟠桃祝壽幾千年，

　　　　積善之家福祿滿，慶賀人間不老仙。

　　吾乃，瑤池金母是也，今日乃是蟠桃大會，相邀眾仙前到華堂慶賀，不知眾仙可曾到來？童兒。（童兒：在）眾仙可曾到？（童兒：未曾到）若是到來，即來通報（童兒：領法意）內白：眾仙來也。

（八仙吟句散排，可唱可不唱，至今幕表戲大多都省略掉）

漢鍾離：羽扇輕搖俺捧著羽扇輕搖。

李鐵拐：鐵拐仙把葫蘆反吊。

張果老：俺也曾過終南訪得仙道。

曹國舅：俺不願隨朝班待老顯官。俺也曾入火坑逢得心憔。

呂洞賓：呂純陽口傳仙妙。

韓湘子：俺也曾渡叔父煉丹。

藍采和：奉勒使列名班。

何仙姑：傳仙翁同登仙道。

（眾仙各自吟詩一首）

漢鍾離：海上蟠桃初熟。

李鐵拐：人間歲月如流。

張果老：開花結子千秋。

曹國舅：此桃方能喫口。

呂洞賓：卻被方朔三偷。

韓湘子：昔日韓朋初現。

藍采和：今日特降靈州。

何仙姑：前到華堂祝壽。

漢鍾離：眾仙請了。（眾仙：請了）不知金母，相邀有何法意。（眾仙：道也不知）一同前到瑤池，見過金母（眾仙：請）。

（【泣顏回】只演奏曲牌，不唱。）

　　唱【泣顏回】

　　　　撲掌下丹霄，正庚星一點光耀；

　　　　喜得天開黃道，聽空中鼓樂喧鬧；

　　　　幽幽山島眾神仙呼喚齊來到；

　　　　祝壽無疆龜鶴遐齡甫紫薇推下瓊瑤。

眾仙：到了瑤池。

漢鍾離：一同請出金母。

眾仙：金母有請。

金母：（打引）南山松柏老，北斗現仙臺。

眾仙：金母在上，我等稽首。

金母：眾仙免禮。

眾仙：不知金母相邀有何法意？

金母：眾仙哪裡知道，今乃蟠桃大會，相邀眾仙，前到華堂慶賀。

眾仙：如此金母跨鶴先行，我等隨後。

金母：就此駕起祥雲。

眾仙：領法意。

金母：護送們，（童兒：有）駕起祥雲，（童兒：領法意）

（【上小樓】、【上小樓】只演奏曲牌，不唱，眾人依照曲牌排隊行走位，循環數次以致曲牌奏畢。）

　　唱【上小樓】

　　　　亂紛紛金童玉女捧著蟠桃，

　　　　踏片片綵鳳麟兒唧著丹詔，

又只見青鸞白鶴日起祥光，

筵開得瑁屋擁金豹。

接唱【下小樓】

觀輝煌煌臘高照，

觀輝煌煌臘高照一對對星光耀，

龍笛吹象板輕敲，

龍笛吹象板輕敲聽悠悠鼓樂喧鬧，

飲霞觴美酒幾葡萄。

眾仙：到了華堂。

金母：眾仙！你們個個吟詩一首。

眾仙：領法意。

漢鍾離：海屋添籌不等閑。

李鐵拐：飛鶴萬丈百步天。

張國老：多少靈芝生瑞草。

曹國舅：白鶴年年獻壽天。

呂洞賓：麻姑進酒並雙祝。

韓湘子：錦上添花是錦仙。

藍采和：今日跨鶴離海島。

何仙姑：慶賀人間福壽綿。

眾仙：吟詩已畢。

金母：一同拜壽。

眾仙：領法意。

唱【清板】

仙仙仙仙山中七日，世上已有幾千年，

華華世界極樂無邊，邀眾仙下凡塵結仙緣

騎白鶴青鸞，香風陣陣彩雲片片，降落庭前賀生辰祝壽年。

眾仙：拜壽已畢。

金母：眾仙！你們個個且慢回府，我這裡排有萬年瓊漿，與眾仙飲個大醉而歸。

眾仙：怎好打擾金母。

金母：說什麼打擾，童兒！（童兒：有）將酒宴排開。（童兒：領法意）

眾仙請酒。

眾仙：金母請。

（【黃龍滾】至演奏曲牌，不唱。）

　　唱【黃龍滾】

　　　　列瓊漿玉液香醪，列瓊漿玉液香醪，

　　　　寶爐風騰香臘，幾千年結實蟠桃，幾千年結實蟠桃，

　　　　壽宴前並添俺壽考，

　　　　俺今日開懷引漿醪，

　　　　喜孜孜不住歡笑，

　　　　見人人和著胸膛，見人人和著胸膛，

　　　　亂如那綿，紛紛咿醉倒。

金母：眾仙再飲（八仙：醉了）眾仙再飲（八仙：醉了）眾仙醉了，童
兒。（童兒：有）各歸洞府。（童兒：領法意）。

眾仙：好酒啊！好酒啊！哈哈……

（【疊疊犯】只演奏曲牌，不唱。）

　　唱【疊疊犯】

　　　　呂純陽酒量高，何仙姑年方少

　　　　他兩人並著肩，

　　　　他兩人並著肩對著香腮相倚相抱，

　　　　漢鍾離怒目微看，

　　　　漢鍾離怒目微看鐵拐仙顛狂自把葫蘆反吊，

　　　　果然是一醉萬愁消。

　　　　　　　　　　　　　筆者向老藝人手中整理資料

附錄四：人物套語

書生	小生本是讀書郎，勤讀聖賢習文章，三年一科舉子會，只求高中狀元郎。 十年河東轉河西，莫笑窮人穿破衣，十年寒窗無人識，一舉成名天下知。 久旱風乾雨，他鄉遇故知，洞房花燭夜，金榜提名時。 一寸光陰一寸金，寸金難買寸光陰（打引）。
小旦	正月喊妹說恩情，好的鴛鴦話不成，畫皮畫虎難畫骨，知人知面不知心。 小奴生在富貴家，如花似玉未出嫁，每日在家挑花繡，不知我夫在哪家。 玉盤高懸射皓光，情竇初開在心房，二八佳人未婚配，月老何時賜玉郎？ 小奴生在富貴家，每日房中學繡花，一繡麒麟對獅子，二繡果老掛廳下。
武生	拳打南山豹，腳踢北海蛟。 拜師學藝練武功，少槍樣樣都精通，心想朝廷覓官做，衣綿還鄉耀祖宗。 小小年紀志剛強，學習兵法與文章，有朝一日上戰場，殺敵報國威名揚。 豪傑生來運不通，沙灘無水困蛟龍，等待一聲春雷響，大鵬騰空上九重。 一拳敵過天下將，兩足橫掃眾英雄，雄心壯志保朝綱，忠心扶保有道王。
元帥	威風凜凜坐帥堂，雄兵百萬似虎狼，今日點動兵和將，要把狼煙一掃光。 堂堂男兒立地基，身為武將掛鐵衣，堂堂戰鼓震天地，鳥雀不敢往空飛。 頭戴金盔貌堂堂，身穿盔甲閃毫光，今日奉了聖旨命，要把西涼一掃空。 手持皇軍令，校場點雄兵，何人逆我令，定斬不容情。 頭戴金盔一點紅，要穿盔甲扣玲瓏，每日操兵並練將，保主江山名傳揚。 守坐軍帳身威風，殺氣騰騰建大功，赤膽忠心志難擋，一片丹心保君王。 玉錦干戈殺騰騰，虎膽軍兵誰敢擋，興雲佈雨助太平，朝朝虎帳夜談兵。 校場點軍兵，左右隨我行，滅奸治國政，反賊不再生。 太平國無憂，威風坐虎帳，點兵上校場，帥權掌手中。
番將	殺氣騰騰萬里長，刀槍劍戟透寒光，本王手持三環劍，武將安橫仗八槍。 本將家住在西方，西風吹來面皮黃，今日點動兵和將，要將中原一掃光。

	孤不孤來番不番，四次人馬過潼關，我國不用去進貢，只要它國來和番。 腰間寶劍血模糊，威威烈烈鎮三胡，生前若要顯富貴，眼前需要用功夫。
女將	小小女英雄，武藝在身上，手持雙寶劍，馬上展武風。 赫赫威名女釵裙，三韜五略武藝精，如風似電桃花馬，馬上雙刀追人魂。 本是西夏一釵裙，勝似男兒蓋世無，足下踏破葵花凳，戰馬衝開擺陣圖。
清官	一朝天子一朝臣，萬里江山萬里民，文官舉筆安天下，武將提刀定太平。 官清民安報國恩，公堂辦案心如神，皇親勢力我不怕，蕭河憲法治萬民。 身為朝官鎮乾坤，威風凜凜誰不尊，官民相敬平民順，保家衛國扶明君。 奉旨選奇才，舉子翩翩來（打引）。 三月桃花紅，九月菊花開，文章做得好，可堪狀元才。 代君除惡見光榮，為民申冤照公正，安邦定國見太平，身為朝官注國興。
奸丞	本是天上一蛟龍，不知何日上九重，一心思想帝王座，不知蒼天容不容。 遷帝算定吾為主，文財武備教老夫，江山帝業誰不要，只欠幫手來相扶。
老漢	英雄少年年年春，可比猛虎踏猿拳，光陰似箭催人老，好似冬天早黃昏。 古人不見今時月，今月曾經照古人（打引）。 人講我老我話盲，年紀剛好九十三，閻王搭信同我講，給我風流幾年添。 人生在世秒渺茫，不知壽命有幾長，萬里長城年久在，不見當年秦始皇。
員外	家中雖有萬頃田，不知勤儉也枉然，小富皆從勤裡得，大富積德半由天。 家有千擔糧，前倉對後倉（打引）。 天項星子笑嘻嘻，莫笑窮人穿破衣，三十年前水流東，四十年後水流西。
帝王	龍樓風閣，萬古千秋（打引）。 日月雙雙照天開，兩班文武入朝排，五更早朝坐金殿，文進東來武進西。 國泰民安座金鑾，風調雨順利山川，文臣武將明德正，寡人江山萬古傳。 萬民朝國寶，文武定山河，四方來朝貢，江山萬年高。 遷帝選主應天意，文財武備獻丹池，錦繡江山孤料理，候滅份子太平年。 太陽一出萬道霞，平底冠前一鮮花，殿上詩聯千百對，孤是萬民第一家。
山大王	群雄聚義在山崗，山崗之上稱霸王，寨下么囉千百對，誰敢面前逞剛強！ 家住在山崗，山崗我為王，么摟千百萬，拜我小霸王。 此路是我開，此樹是我栽，要打此路過，留下買路財。
縣官	手拿官印，身為保證，辦事糊，說話，沒人要信。 頭戴紗帽囁囁動，公堂辦事明正公，身穿一領前後補，不驚九月九降風。
文丑	河邊種竹不用灰，妹想連哥不使媒，七寸枕頭墊三寸，留便四寸等妹來。
算命仙	貧道生來懷志奇，陰陽八卦藏袖內，通得天文與地理，吞天吐地透玄機。 天文地理腹內藏，乾坤八卦論陰陽（打引）。 八卦定乾坤，五行登父子，再分天地人，需有上中下。 蒼天不負修行人，只恐修行心不真，若是真心苦悟道，何愁衣食不終身。

神仙	三十三天天外天，天邊海角有神仙，神仙本是凡人做，只怕凡人心不堅。 三十三天天外天，九層天上有神仙，玉皇改做通明殿，四大部洲在眼前。 玄裡玄空玄內空，妙中妙法少無窮，行善之家感動天，作惡之人天不容。 我乃其在普渡山，每日採草來煉丹，五百年前受苦嘆，一點良心救世間。 三月初三吾壽誕，九月初九起風寒，赤身救母受苦嘆，修身學道武當山。 帝降聖壇會諸賢，上法施教悟者得，天雨滋潤渡有緣，玄關妙藏窮中仙。 龍宵金霞瑞氣沖，天兵神將排兩廂，九天三界歸我掌，逍遙造樂不壽疆。 自幼學法入天門，七星八卦算得準，先天定數是命運，名鎮天宮稱為尊。
妖怪	同中修煉幾千年，變化人形在世間，雖然未赴蟠桃宴，好似蓬萊一洞仙。 本妖山上來修練，變化人形在世間，童男童女吃落肚，就能得道來成仙。 人不人來仙不仙，吃人骨頭千萬千，若是有人來出現，扯撕入腹在眼前。

資料來源：筆者整理

附錄五：丑角敘事情境套語

各位哥嫂笑呵呵，叔公阿伯靜靜坐，
聽我念個啦翻歌，啦翻兜凳顛倒坐，
趕鴨上山吃樹葉，趕羊下山覓田螺，
光頭相打專扭毛，風吹磨石跌落河，
古井肚裡下鳥窩，竹頭尾頂釣溪哥，
三十暗哺月光好，我看我公娶老婆，
我母行嫁我扛轎，看人打笛歕銅鑼，
我母先生我老弟，後來再生我大哥，
雞公生卵咯咯咯，雞子半天打鷂婆，
我牽我爸坪頂坐，大聲小聲喊鷂婆，
又攬我公去機場，揹著公太機頂坐，
飛機飛對月球過，我與嫦娥和山歌麼和山歌。（丑角通用）

記得真記得，記得去年五月節，五月落大霜，六月就落大雪，前堂凍死
一隻龜，後堂凍死一隻鱉，拿來送送不動，拿來推推不得，請了人來扛
扛，到城門東，拿來殺，殺到三十六盆血，拿來吃，吃不得，遇到阿財
哥，她說我，真真了不得來，了不得。三十晚上，出了一個大月光，瘌
手的跑去偷摘秧，青暝的來看到，啞巴講抓來碰，請到跛腳去追，瘌手
來抓到，駝背出來扛，扛到屋後直直上，一夜沒睡就繞滿莊，跑到廚房
吃了，三碗公的番薯湯，打了一個大臭屁，彈爛一個大醃缸來，大醃缸。
（丑角通用）

沒空真沒空食飽走西東，本庄沒頭路走到廈門並廣東，他那邊與我們這邊有些就不相同，我們這老公管哺娘，他們專專哺娘管老公，有日對介胡同過，看到兩介人，拖介拖、春介春，打到大嬤空，我就與他占對中，什麼妹來什麼嫂，下面不可抓太重，不小心老命會來見祖公，婦人家較囉嗦，一張嘴子聶聶動，開聲來罵就她老公，因為舊年介六月冬，勞他相爭一只爛火熄，害我聽到笑到不會挺動來不會挺動。（丑角通用）

人人講我真古錐，有鞋不穿打赤腳，
有事不做打迄蹉，耕田人就掘田角，
打蛤蟆就掩嘴角，釣大魚就放長索，
慢慢牽慢慢剁，牽豬哥二條索，
做尚公歁牛角，做乩童打赤膊，
銅針拿來刺嘴角，包粽子剝竹殼，
爛草蓆真惹屑，爛枕頭刺腦殼，
水打田鑿石坡，臺灣頭到臺灣角，
我哺娘夭壽惡，有時走去坐四角，
打紙牌兼那小麻將，我哺娘來發覺，
巴掌麻亂亂捉，捉得我耳屎整角，
順便罰我跪那尿筒角，害我整暗哺打咳嗽來打咳嗽。（丑角通用）

細樹驚藤纏，大樹驚刀碾，
唐山驚老虎，臺灣驚生番。
泥鰍驚黃鱔，細魚驚鱸鰻，
石壁怕推山，扛轎驚轉彎。
蚊子驚火煙，挑擔驚轉肩，
富家講來年，窮人講眼前。
三十六行業，行行出狀元來出狀元！（丑角通用）

人老就囉嗦，面皮打摺又打窩。
水粉拿來擦，胭脂拿來塗。
打扮起來跟個十七八差不多。
有一日，去到公園坐，見到一位後生哥。
身穿花西裝，腳穿黑皮靴，銀票拿出有按多。
我問他拿錢做什麼？他說與我唱個哪哎唷！哪哎唷！（彩旦通用）

為官妙來為官妙，頭戴紗帽兩頭翹，三月初三去瓜搜（掃墓），放了三聲的大火炮，劈！蹦！砰！老爺的屁股被火炮，騎不得馬，坐不得轎，有人問我官從哪裡來，（搭腔：官從哪來？）我說糊裡糊塗不知道來，不知道。（縣官專用）

資料來源：筆者整理

附錄六：客家戲科畢業生調查

屆　級	畢業人數	畢業仍持續在戲曲相關工作者人數
第一屆	18人	6人（任○文、胡○宇、潘○和、蘇○慶、陳○軒、洪○禎）
第二屆	14人	1人（陳○婷）
第三屆	17人	6人（洪○、劉○璇、張○昇、溫○樺、葉○樺、王○敏）
第四屆	19人	6人（張○勛、胡○昇、何○億、陳○如、陳○安、楊○）
第五屆	18人	9人（馮○星、馮○亮、劉○丞、張○偉、李○年、吳○函、施○岑、江○亭、吳○真）
第六屆	4人	0人
第七屆	15人	3人（王○洋、鄭○姵、傅○）
第八屆	12人	3人（劉○吟、黃○翔、連○宏）
總計	117人	34人

　　資料來源：整理自「國立臺灣戲曲學院——客家戲學系」各屆畢業生訪查資料，為保留個人權益，不以全名顯示。

附錄七：畢業仍在客家戲曲發展人數統計

屆　　級	畢業仍持續在客家戲曲相關領域工作者
第一屆	任○文（文和）、胡○宇（榮興）、蘇○慶（榮興）、陳○軒（榮興）
第二屆	陳○婷（榮興）
第三屆	溫○樺（榮興）、葉○樺（戲曲學院客家戲學系兼任教師）
第四屆	胡○昇（榮興）、陳○如（榮興）
第五屆	馮○星（文和）、馮○亮（文和）、劉○丞（文和）、吳○函（文和）、施○岑（文和）、張○偉（景勝）、江○亭（景勝）、吳○真（榮興）
第六屆	0人
第七屆	鄭○姵（榮興）、傅○（榮興箱管）
第八屆	劉○吟（榮興）黃○翔（新樂園，會在其他客家劇團搭班）
總數	21人

　　資料來源：整理自「國立臺灣戲曲學院——客家戲學系」各屆畢業生訪查資料，為保留個人權益，不以全名顯示。

後　記

　　2019 年的 6 月份，順利取得國立中央大學中國文學系碩士學位，終於將所有碩士生的惡夢從心中剷除。拿到畢業證書那一刻有些不真實，從打開電腦開始撰寫論文起，持續了整整一年又好幾個月的習慣就此停住，再也不用經歷夢中驚醒、清晨打開電腦瞪著螢幕裡冰冷冷的文字終究毫無靈感的輪迴。

　　原以為這本論文將永遠安心地躺在電腦硬碟封存永不見天日。2021 年的 4 月份，論文指導教授李元皓（國立中央大學中國文學系副教授）微信通知，說明花木蘭出版社有意要出版我的碩士論文，是否有意願且有時間配合修改校稿？鮮少使用微信軟件，看到訊息時已過去一個多月，驚訝惶恐之餘，立即回覆老師有意願配合，修改論文一事就此展開。

　　畢業至今再次回過頭來閱讀論文時，赫然發現所有觀點都是以 2019 年去行文，若是要修改勢必牽一髮動全身，礙於時間有限，因此主要落在字句的更正以及是否通順達意。

　　2021 年的此時此刻，已無法替 2019 年的自己加以言行，因此希望無太大更動下呈現論文原來面貌。事過境遷，或許多年後再次回過頭閱讀，嘴角揚起，一抹微笑帶過，大嘆這就是青春啊！

　　曾經是客家戲幕表戲的實踐者，對於幕表戲的演出既熟悉又陌生，此書期望能讓夠多人了解，紮根於廟宇外臺，因應不同時代變遷，為貼近庶民文化，融入多元的表演元素，以「演員中心」為表現模式，它是順應著時代的產物，在在展現出客家戲幕表戲在不同時代背景下頑強的生命力。

　　我是客家人，也是客家戲曲演員，從 2018 年離開文和傳奇戲劇團後，就較少有客家戲曲的演出，甚至是客家幕表戲，但卻沒有因此忘記自己的背景，

持續將過往的經驗帶入其他表演領域之中，這本書能提醒著我對於客家戲曲的初衷，也告訴自己為客家戲曲記錄了一頁。

現今還有許多廟埕會搭有外臺演出幕表戲，無論是客家戲抑或者歌仔戲，下次經過不妨停下你的腳步，欣賞這個充滿舞臺魅力的草根文化。

2021 年 12 月 31 日